四时有佳节

SISHI YOU JIATIE

薪火文创社○编著

陕西新华出版
陕西科学技术出版社
Shaanxi Science and Technology Press
西安

图书在版编目（CIP）数据

四时有佳节 / 薪火文创社编著 . — 西安 : 陕西科学技术出版社，2018.1（2024.4重印）

（传统文化走进生活）

ISBN 978-7-5369-7142-4

Ⅰ . ①四… Ⅱ . ①薪… Ⅲ . ①节日 – 风俗习惯 – 中国 – 青少年读物 Ⅳ . ① K892.1-49

中国版本图书馆 CIP 数据核字 (2017) 第 310427 号

四时有佳节

薪火文创社　编著

策　　划	孙　玲　晏　藜
责任编辑	郭敬琦　赵泰俪
封面设计	象上设计
版式设计	诗风文化

出 版 者	陕西科学技术出版社 西安市曲江新区登高路1388号陕西新华出版传媒产业大厦B座 电话（029）81205187　传真（029）81205155　邮编 710061 http://www.snstp.com
发 行 者	陕西科学技术出版社 电话（029）81205180　81206809
印　　刷	河北鹏润印刷有限公司
规　　格	787mm×1092mm　16开本
印　　张	7.75
字　　数	75千字
版　　次	2018年1月第1版 2024年4月第2次印刷
书　　号	ISBN 978-7-5369-7142-4
定　　价	36.00元

序　言

XU　YAN

古老的节日

一年有四季，四时有佳节。大家一定都很喜欢过节吧？每一年我们都会迎来很多美好欢乐的节日。有一些节日是用公历记录的，比如“五一”劳动节、“六一”儿童节、“八一”建军节、“十一”国庆节等；而另一些节日是用农历记录的，比如正月初一的春节、正月十五的元宵节、五月初五的端午节、八月十五的中秋节等。一个个异彩纷呈的节日，给我们的生活增添了无穷的乐趣，也使我们的生活在日复一日的循环中拥有了不一样的憧憬。

农历是中国的传统历法，农历传统节日也是我们中国人最重视的日子。这些节日从远古发展而来，是中国人精神文化生活的重要内容，也体现着我们丰富多彩的民族精神，寄托了美好的愿望。

“节”（繁体作“節”）这个字，最初的字形是“竹字头”的，意思就是竹节。竹节就是竹子上凸起的部分。“节日”的“节”也借用了这个意思，每个节日就像是平常日子中一个与众不同的“凸起”，将时间分成一节一节的。我们庆祝节日，也是在记录时间、共享收获和快乐。

X U Y A N

岁月悠然向前，中华文明也在渐次发展。先秦两汉时期，我国的节日初成体系；魏晋南北朝时期，节日系统逐渐丰富；隋唐两宋时期，节日系统基本定型；明清时期，节日在原有基础上继续发展，衍生出更丰富的习俗。中华人民共和国成立以后，五十六个民族节日色彩纷呈，百花齐放。在历史的进程中，传统节日渐渐褪去了原始的祭祀、驱鬼辟邪的神秘色彩，转变为人们娱乐庆贺、人情往来的重要日子。

在漫漫历史长河中，我们的祖先一直非常重视各式各样的节日。在立春之日，他们会打着仪仗去迎接春的到来；当夏日临近，他们又身着艳服去接待夏的降临；当秋叶飘落，他们会满怀着感恩将赐予丰收的秋神请回人间；当寒风乍起，他们也毫无消极懈怠之意，欢欢喜喜地迎回冬气，闭户冬藏，休养生息。

中国的每一个传统节日，曾经都在一种庄重神秘的仪式中开始，祖先们通过各种活动敬拜自然、怀念祖先。春天花开，他们三五成群地聚集在郊外，时而用兰汤洗涤身心，时而赏花饮酒，赞颂花神。冬日萧索，他们便用秋收的粮食和养肥的牲畜来举行腊祭，感恩祈福，静待四季的下一场轮回。他们的节日仪礼充满乐趣，传统的节日文化也被代代传承。

来吧，孩子们！现在，就让这本小书带领着你，来了解中华民族的传统节日的前世今生，在一个个故事和一个个习俗里，来领略传统文化的源远流长、博大精深。

目录

第一章 春天的节日

第二章 夏天的节日

第三章 秋天的节日

第四章 冬天的节日

第五章 少数民族的节日

第一章 春天的节日

- 一年之计始立春
- 春节元旦略不同
- 正月初五接财神
- 元宵佳节齐观灯
- 春雷阵阵龙抬头
- 百花生日百花开
- 兰汤沐浴消百病
- 禁火寒食祭先贤
- 气清景明念故亲

一年之计始立春

“春雨惊春清谷天，夏满芒夏暑相连……”想必这首二十四节气歌你一定是熟悉的。我国是世界上较早步入农业文明的国家之一，为记录、指挥农事耕种而创立的二十四节气是由祖先们订立并一直沿用至今的文化瑰宝。在二十四节气里有立春、立夏、立秋和立冬这样四个节气。由于“立”在古代汉语中有“开始”的意思，所以这立春、立夏、立秋、立冬就分别代表着春天、夏天、秋天和冬天的开始。

春天是个美丽的季节。在我国，春天一般伴随着农历新年到来，以立春这个节气为开端，从二月到四月，共有三个月。人们常说“早春

二月”“阳春三月”“暮春四月”，说的就是春天的各个阶段。春天是个万物萌生的季节，天气开始慢慢变暖，在春风春雨的滋润下，冰雪融化，草木发芽，大雁从南方飞回来，小动物们从冬眠中醒来，我们也脱下了厚厚的棉衣，开始在户外跑跑跳跳。

常言道“一年之计在于春”，古时候人们对立春是非常重视的，把它当作一个重大的节日来庆祝。相传春神叫句芒，住在东郊的芒神庙，只有迎回春神，才会春满人间。因此，在周朝时期，立春前三天，周天子要沐浴斋戒，到立春日，他会亲自率领三公九卿，打着青色的旗子，击着鼓去东郊芒神庙迎接芒神和春牛，人们将这种仪式叫作“迎春”。

看吧，那迎春的队伍已到了庙前，那里有预先造好的芒神和春牛。前来迎春的君王或官员们先行二跪六叩首礼。主持仪式的人把斟好的酒递给迎春人，迎春人接酒后，先以酒洒地表示祭奠，再行二跪六叩首礼。这就算是迎春礼了。

举行完迎春礼，接下来就要鞭打春牛了。古代中国是农耕社会，牛是运输耕田的主要动力，所以鞭打春牛也是立春日的重要仪式。所谓鞭打春牛，其实就是在竹竿上扎上五彩丝线或纸花做成彩鞭，来打泥塑春牛。人们对此是很有说辞的，各地虽各有不同，但都是希望风调雨顺、国泰民安的吉祥话。比如："一打风调雨顺，二打国泰民安，三打大人连升三级，四打四季平安，五打五谷丰登……"。泥塑的春牛里面装有五谷，打春牛时要把牛打倒打烂，使五谷四处流出，象征一年五谷丰登。

人们把流出的五谷拿回家，放进自家的粮仓内，据说这样就会五谷丰收粮满仓。

虽说已过了立春，但是很多地方还很寒冷，气温也远远没有达到春暖花开的程度。民谚说：“立春不是春，雨水还结冰。”还不能感受到春的气息的人们往往要在食物上寻求一些心理安慰。立春这一日，许多人家都要蒸或烙上一叠薄饼，准备好豆芽、酱牛肉、熏肘子、菠菜粉丝和鸡蛋炒韭菜等，各种菜都挑一些，用薄饼卷了，利齿柔舌吞下肚，叫作食春饼，也叫咬春。有的地方咬春还要专门咬萝卜，原因是萝卜长在土里，是根茎，咬断了萝卜，一年也就没难事了。

虽说人不知春，但自然界的草木们却早早就感到了春天的气息了。

正如朱自清的《春》里所写的："一切都像刚睡醒的样子，欣欣然张开了眼。山朗润起来了，草长起来了，太阳的脸红起来了。"就在这日渐浓重的盼望里，春天的脚步终于近了。

春节元旦略不同

春节在我国有着悠远的历史，早在汉武帝太初元年时，就定农历正月初一为“岁首”，即我们现在的春节。不过古人称春节为“元旦”，称正月初一为春节是近代才有的。古人认为正月为端月，它的第一天是元日。“元”的本来意思是“头”，意思为“开始”，因为这一天是一年的头一天，春季的头一天，正月的头一天，所以称“三元”。“旦”字的形态为“日”在“一”上，即太阳刚刚从地平线上升起，就是早晨的意思，所以“元旦”表示一年的第一个早晨。辛亥革命后，我国采用世界通用的公历纪年，把公历一月一日称为元旦，因为立春在农历的一月一日前后，所以又将农历的一月一日定为春节，一直使用至今。

过春节在我国已经有几千年的历史了，它标志着一年正式开始，也标志着一个新的春天来临，因此，这是一个最为吉祥如意、欢乐祥和的节日。祖国各地的人们用各种各样的方式迎接新年，人们燃放鞭炮、用新桃换旧符、写春联、贴福字、剪窗花、贴年画、穿新衣、戴新帽、饮春酒，在对新一年生活的期盼中迎接新春佳节的到来。春节也是一个团圆节，离家在外的人们无论多远，都要从四面八方回到家中，看望父母，问候亲朋好友。这是我们中国人内心深处的家园情结。

正月初一人们祭祖之后，就要开始走春了，走春又称为探春，也就是我们现在所说的拜年。拜年一般得先从家里开始。初一清晨，晚辈要先向长辈磕头行礼，后来礼节简化，就变成拱手作揖祝福长辈健康长寿、万事如意。长辈受拜之后，要将事先准备好的“压岁钱”分给晚辈。“压岁钱”是“压祟”的谐音，意思是镇恶驱邪，使孩子免受鬼怪的侵害，其中蕴含着长辈们希望孩子能够平安成长的深刻含义。近年来，随着微信红包、支付宝转账等新科技手段的介入，孩子获得压岁钱的方式变得更加快捷、有趣，这是新时代给人们增添的新意。

初一拜完了本家，初二就去拜岳家，初三再拜亲戚。拜年的方式也是多种多样：有同宗族一起拜尊长的，有亲戚间互相拜访的，也有把

大家聚集在一起相互道贺的，称为“团拜”。还有人因亲朋众多来不及一一上门拜年而派人送发“贺年卡”的。不过古人可不管写着新年问候的卡片称为“贺年卡”，而是叫“名刺”，这种卡片很久以前就产生了，上面写有新年贺词及自己的姓名和住址。官宦人家交游广，没有那么多时间四处登门拜年，但若是在新年时不互相问候，又觉得很不礼貌，所以他们便打发仆人持名刺代自己前往亲朋府宅贺年。每到一户便在门外喊几声，交了就去下一家。于是“贺年卡”也就应运而生，明清时期这种飞帖贺年已经非常流行。

走春拜年结束后，正月初五就要送穷、迎财神了。整个春节节中套节，一直要延续到正月十五元宵节才算完。有些地方还流传着“忙腊月，闹正月，拖拖拉拉到二月”的民谚，春节的隆重热闹可见一斑。

正月初五接财神

从初一到初四，家家户户都是送往迎来、吃吃喝喝拜年忙。不过到了初五，拜年的事就告一段落，人们有更重要的事情得去忙——祭财神。尤其是那些做生意的人们，大年初五要开门营业了，开市的第一件事就是接财神。大家都认为谁先接到财神，谁就能得到利市。那究竟人们祭拜的财神是何许人呢？

这说起来可有些复杂了，财神庙和各家各户供奉的财神，有各种称谓和名目，如文财神，武财神，五路财神等。文财神有比干、范蠡；武财神有关羽、赵公明。不过人们祭拜最多的财神还

是赵公明。

传说赵公明最初是被后羿射下的九日之一，曾在峨眉山罗浮洞修道。后来因助纣为虐，被陆压道君用“钉头七箭书”杀死。姜子牙得胜后，害怕赵公明阴魂报复，就封他为“金龙如意正一龙虎玄坛真君”，让他统领“招宝天尊萧升”“纳珍天尊曹宝”“招财使者陈九公”“利市仙官姚少司”四位神仙，主管迎祥纳福、商贾买卖之事。著名的神话小说《封神演义》记录下了他的故事。后来，民间崇拜的五路财神，主要就是指赵公元帅、招宝、纳珍、招财、利市五神。所以，正月初五一大早，家家户户鸣鞭放炮，焚香礼拜，希望迎来这五位神仙，让神仙为他们带来东方、南方、西方、北方与中央五个方位的财运。

迎完了财神，商家就正式开始营业了。因为每一家都想把财神迎进自家门，所以每年到正月初五这一天，就专门有人组成送财神的仪仗

队，当先一人身穿红袍，头戴纱帽，嘴上挂着假胡子，头上戴着假面具，身上背着一个收钱的黄布袋，装扮成一个活财神模样，后面跟着的几个人敲锣打鼓，挨家挨户去送财神像。他们每到一家，就说一堆类似于“左厢堆满金银库，右边财宝满屋堆”这样的吉祥话，这样主人们只好笑盈盈地接过那张红纸财神像，再将些赏钱塞进假财神身上的黄布袋里。扮财神的人纷纷道谢，再起劲敲打一阵锣鼓，然后就出门朝另一家去了。

当今到了年初五，城市中自然没有这样热闹的送财神的仪仗队了，但人们接财神、拜财神的传统还是得以保留。近几年，每到年初五，打开微信朋友圈，各路财神真是应有尽有啊。不过，迎财神拜财神只是人们的一种美好愿望，要真正发家致富，还是要靠踏踏实实地辛勤劳动噢！

元宵佳节齐观灯

元宵节在春节过后半个月，也就是正月十五这天。正月是农历的元月，“宵”是晚上的意思，正月十五晚上是新年的第一个月圆之夜，所以人们非常重视，把这一天称为“元宵节”。在中国人的传统里，大年初一只是个开头，只有过了元宵节，这个新年才算真正过完了。

元宵节也叫作“上元节”“灯节”“元夕”，它和春节一样，有着悠久的历史。早在西汉时候，正月十五就被定为节日，人们会在这一天举办祭祀活动。从宋朝开始，人们则有了过元宵节吃“元宵”的习俗，一直流传至今。

元宵节既然叫“元宵节”，那么吃元宵当

然是最不可缺少的活动啦！元宵是我国最重要的节日食品之一，不过，它在南北方的名称和样子有所不同。北方叫作“元宵”，是用干糯米粉包上馅料“滚”出来的；而南方叫作“汤圆”，是像包包子那样“包”出来的。不管是元宵还是汤圆，都是一样又甜又圆又香又软，寄托着人们对甜蜜美满生活的期望。

关于元宵节的来历，民间流传着许许多多的传说，但最著名的莫过于接下来我们要说的这个了。传说在很久以前，凶禽猛兽很多，总是伤害人和牲畜，人们不得不去四处打它们。有一次，玉皇大帝身边的一只神鸟因为迷路而降落人间，也被误认为坏鸟，让不知情的猎人射死了。这事被玉皇大帝知道了，他十分生气，立刻下令让天兵在正月十五日这天去人间放火，把人统统烧死，把他们的财产统统烧光。

玉皇大帝有一个女儿，她心地善良，不忍心看百姓无辜受难，就冒着生命危险，偷偷驾着祥云来到人间，把这个消息告诉人们。大家听说了这个消息，都吓得不知如何是好。天帝的女儿很聪明，她很快想出了一个办法，让人们在正月十五这天，每户人家都张灯结彩、燃放烟火。这样一来，就能骗过玉皇大帝，让他以为人们都被火烧死了。

大家听了都点头称是，便分头准备去了。到了正月十五这天晚上，老眼昏花的玉皇大帝从天上往下一看，人间果然一片红光、响声震天。他以为是大火燃烧的火焰，感到十分痛快，就不再继续追究了。就这样，人们保住了自己的生命财产。为了感谢玉皇大帝女儿的帮助，从此，每到正月十五这天，家家户户都挂灯笼、放烟火，庆祝胜利。

元宵节又被人们叫作“灯节”，是出游观灯的好日子。这一天，每个人都提着一盏美丽精致的花灯上街，处处张灯结彩，汇成一片明亮的灯海。赏灯的风俗十分悠久，

特别是在唐朝和宋朝时，政府十分重视，每年还会专门举办元宵灯会、灯市，无数盏花灯制作精美、式样复杂、种类丰富，供人们穿梭其间、欣赏评比，十分美丽壮观。猜灯谜也是元宵节期间的趣味活动之一。有人把谜语写在花灯上，供人们猜。灯谜一般出得都很巧妙，人们半猜半玩，猜中者会有小小的奖品，这些都给节日增添了热闹的气氛。

元宵节像是古代的“狂欢节”，是个非常热闹的节日，除了吃元宵之外，还有好多好玩、好看的东西呢！人们会举办很多有趣的活动，比如赏花灯、猜灯谜、放焰火、舞龙舞狮，等等。这一天，男女老少纷纷出来游玩，毫无拘束，享受一年中最为轻松愉快的时光。

春雷阵阵龙抬头

古代中国是一个庞大的农业社会，风调雨顺是农民最大的盼望，每当干旱来临，人们就会举行求雨仪式，上至皇帝大臣，下至平民百姓，都参与其中。

一般来说，皇帝要带领皇室成员徒步到郊外，他们穿着朴素，白天和晚上都露宿野外，仪式要持续好几天。地方官则带领老百姓举行求雨仪式。各个民族、地区的求雨仪式有所不同。比如北方的汉族人大多以祭祀龙王为主，人们会到龙王庙去祭拜、舞龙，举行盛大的仪式，以向龙王求雨，希望一年风调雨顺，庄稼有个好收成。

因为龙王在人们的心里有很重要的地位，

于是在古人的生活中，就有一个与龙王有关的节日，那就是农历二月初二“龙抬头”，也称“龙头节”“春龙节”“青龙节”等。

龙是传说中的一种吉祥动物，也是中华民族的精神象征，寄托着我们美好而神圣的愿望。在我们祖先的想象中，龙有着鹿的角、马的头、蛇的身子、鱼的鳞、鹰的爪，它能在天上飞，还能呼风唤雨，神通广大，保佑着人间。因此，庆祝“龙抬头”这个日子，也是为了表达对龙的精神崇拜。

二月初二正是惊蛰节气前后，蛇、蚯蚓、青蛙等都从冬眠中醒来，很多害虫也爬上地面，这会对庄稼造成危害。但人们相信，龙一抬头，它的威力就会把对庄稼有害的动物们都镇住。因此在这一天，很多地方的人们会“引龙伏虫”，也就是用草木灰撒成龙的形状，引来祥龙，赶走虫害。

过“龙抬头”是我国由来已久的传统，有很多重要的民俗活动。在这一天，人们早上起来会用竿子敲房梁，意味着敲龙头。人们还会用龙身上的部位来命名各种东西，比如会把面条叫作“龙须”、把饼叫作“龙鳞”、把饺子叫作“龙牙”等。人们还会在这一天上理发店理发，也叫“剃龙头”，为的是沾些“龙气”。它寓意着在龙抬头这一天，小孩子理了发，长大以后可以出人头地；大人理了发，则象征着新年顺顺利利，好运连连。同时，闺中妇女还要在这一天停止针线活，怕刺到龙的眼睛。

传说龙头节起源于伏羲时期，伏羲是中华文明的创世神，龙这个图腾就是由他创立的，他还创造了八卦、文字，指导人民生活。而且他重视农业，每年二月初二亲自去田间耕种，后来的帝王也纷纷效仿。

龙抬头象征着新的开始，在这个节日里，人们理发、吃龙须面、炒豆子等，为的就是沾沾龙气，带来一年的好运气。

百花生日百花开

二月春风拂过，冬眠的虫子们都睁眼抬头了，枯萎许久的百花也被春风惊动了，个个打起精神挤上枝头，含苞待放。富有想象力的祖先们看到百花盛开，漂亮无比，就幻想着一定是有一位神仙将这百花送到人间来装点春天的，因为他们认为，人力绝不能创造如此繁盛富丽的图景。于是，花神的传说便应运而生。

传说盘古开天辟地创造了世界之后，秋收冬藏，万物具备，只是无花。于是盘古拿出一包种子交给女儿，让她将不同品种的花籽撒向大地，遍布人间，日后便会花开天下，群芳争妍。女儿遵照父命，精心培育，九十九天后，果然春暖花开。

这一天正是农历的二月十二，盘古就封自己的女儿为“花神”，将这一天定为“花朝节”。因此，在民间的一些传说中，“花神”就是盘古的女儿。

花朝节流行于全国多数地区，由于各地的地理、气候情况不同，花朝的具体日期也不一样。但大多数地方将二月十五定为百花的生日。唐宋时期，经济繁荣，这一节日流传较广。尤其是武则天时期，“花朝”尤盛。由于武则天嗜花，所以到了每年的二月十五花朝节这天，她就令宫女采集百花，和米一起捣碎，蒸制成百花糕来赏赐群臣。后来上行下效，蒸百花膏成了花朝节最普遍的风俗。

除此之外，在花朝节这天，很多地方还要举行祭日活动。春天祭日、秋天祭月是古代帝王的祭祀礼仪，以感谢天地对人类的恩赐。文人墨客们则选择在这一日约三五知己，出门赏花，饮百花酒，作百花诗，互相唱和。辛苦劳作的农人们则摊晒各种种子，祈求来年的丰收。有些富裕人家还会剪些红绸条挂在花木上，为花祝寿，称作“赏红”，有祝花木繁盛、人寿年丰的含义。

关于花朝节，古代还流传着这样一个故事。传说唐天宝年间一个早春二月之夜，一个叫崔元徽的人在园中品茗赏花，忽见一群容貌艳丽的女子，其中有个小巧玲珑的姑娘，自称石氏，但大家都叫她醋醋。女子对崔元徽说，要借此地与封姨相见。接着，便来了一位明眸皓齿的少妇，众人起身行礼，并恭称她为封姨。崔氏为尽地主之谊，便命人摆上了酒菜果肴，众女谢过之后，把盏畅饮，高声谈笑，一人不小心碰翻了酒盅。醋醋的红罗裙被玷污，她粉面含怒，拂袖便去。众女子相顾惊慌，封姨板起面孔，恨恨地说：“小奴婢竟敢无礼！”夜宴不欢而散。

第二日晚，这位醋醋姑娘又来了，原来昨晚那些美女都是花精，醋醋本人是石榴，她们要来人间花苑迎春怒放，可是风神封姨出头阻挠。花精们本想借昨日宴饮向封姨求情，不料被醋醋坏了事。如今，众花精都埋怨她，她只好来求助于崔元徽，她让他准备一些红色锦帛，画上日月星辰，在二十一日五更悬挂在园中的花枝上。崔元徽依言行事，届时果然狂风大作。可是枝上的花卉有了彩帛，就没被吹落。

当夜，众花精又变成一群美丽的姑娘来花园里向崔元徽致谢，还各用衣袖兜来花瓣让崔和水吞服，崔元徽因此延年益寿至百岁，且年年此日悬彩护花，最终成了神仙。因此，在这一日赏红祈寿便成了风俗。

兰汤沐浴消百病

上巳(sì)节，又称“三月三”，是古人纪念黄帝的节日。相传三月三是黄帝的生辰，中原地区自古就有“二月二，龙抬头；三月三，生轩辕”的说法。魏晋以后，上巳节改为三月三，后代沿袭，慢慢变成水边饮宴、郊外游春的节日。

后来也有人说，上巳节是为追念伏羲氏而设立的。传说中，伏羲和妹妹女娲用泥土造人，繁衍后代，所以被人们尊称为“人祖爷”，每年从农历二月二到三月三，人们就会聚集在一起去朝拜人祖。

还有人说“上巳”与“尚子”谐音，所以上巳节又是个求子节。人们在这个节日里祭拜高媒神，传说这高媒神是商族始祖简逖，她当初吞食鸟卵怀孕而生了契，因此被奉为高媒神。人们为了求子而祭祀她，慢慢就演变为上巳节祓禊求子的习俗。除此之外，关于上巳节，还有些其他的说法。

上巳之日正值季节交替之时，所以人容易患病。由于古人对自然和自身的科学认识都不足，就以为这是因为自身染了什么不洁的东西，或是因为外部有邪气作祟。为了除掉病因，祈求福气降临，人们就要在三月的巳日这一天到水边洗涤一番。

“禊”就是“洁”的意思，“祓禊”就是通过自洁而消弭致病因素的仪式。因为兰草有香气袭人的特点，被人们奉为灵物。古人以为兰草能辟邪，所以用兰草洗身就成为上巳节必经的仪式。这种沐浴活动必须由专职的女巫进行组织和领导。相传春秋时期，郑国的河滨祓禊活动最

为典型。每到三月三日上巳节这天，郑国男女纷纷来到水滨，手执兰草清洗身体，来驱邪求吉。河滨祓禊活动结束之后，人们像是真求得了安康，格外开心。

对于文人雅士们，上巳节则是个“曲水流觞”饮酒的好时候。大家坐在环曲的水边，将盛着酒的酒杯放置在流水之中，任其顺流而下，停在谁面前，谁就要将杯中酒一饮而下，并赋诗一首。如果做不出来，还要罚酒三杯呢！

妇女们则想起了田野里的地菜。这就是所谓的“农历三月三，不忘地菜煮鸡蛋，中午吃了腰板好，下午吃了腿不软”。这里的地菜就是指荠菜，又名地花子，生长于田野里、道路边及庭院中。这时候的荠菜叶嫩根肥，具有独特诱人的清香和美味。民间有“三月三，荠菜赛灵丹”的说法，荠菜性凉，味甘淡，食用后对身体很好。在这春光明媚的三月三，采一把新鲜荠菜回家煮鸡蛋，在品尝春天气息的同时，也将一年的健康吃下去，营养又美味，何乐而不为呢？

禁火寒食祭先贤

寒食节又叫“禁烟节”“冷节”，时间是在夏历冬至后一百零五日，清明节的前一二日左右。寒食节源于远古时期人类的火崇拜。古人的生活离不开火，他们用火取暖，用火烧煮食物来吃，有时也用火来自卫。但是火又常常给先民造成极大的灾害，于是古人便认为火的起灭是由天上的星宿操控的。

古人将周天恒星分为二十八宿，东方青龙宫的角、亢二星为“龙星”，在五行中居于木位。先秦时期，古人由于星象迷信，认为春季龙星出现在东方，容易引起大火，所以在三月龙星初现时，应该禁火。禁火期间不能生火做饭，

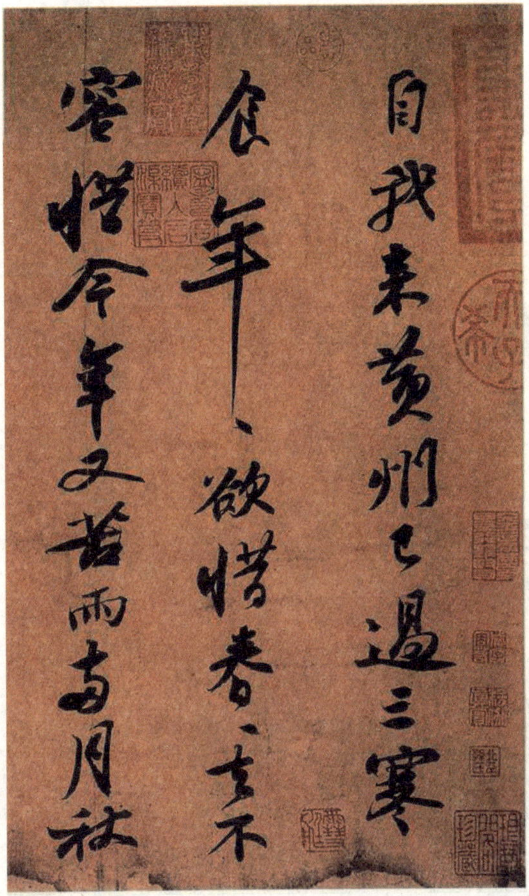

须得事先准备好不用加热的食物。这种不用加热的冷食就是“寒食”。

还有一种说法，认为寒食节发源于山西介休的绵山。传说春秋五霸之一的晋文公在即帝位之前，为躲避继母谋害而流亡了十九年。在他流亡期间，追随他的大臣们先后都离他而去，最后只剩几个忠心耿耿的人。有一次晋文公到了一处偏僻的地方，找不到食物，饥饿难耐，这时候有一个叫介之推的人就割了自己腿上的一块肉炖了给晋文公吃。晋文公感激不尽，想着自己登基以后，一定要重赏于他。可是当他真的登基后，竟然唯独忘记了奖赏介子推。有人在他面前为介子推叫屈，他忆起旧事，心中十分惭愧。他几次差人去请介子推，介子推都避而不见，晋文公只好亲自前往，可是等到他去时，子推早已经背着老母躲进了绵山。晋文公派御林军上山搜索，也没有找到。这时有人出主意说，不如三面放火烧山，留下一面，大火起时，介子推会自己走出来的。于是晋文公下令

放火烧山，谁料大火烧了三天三夜，也不见介子推出来，大火熄灭后，晋文公上山一看，介子推母子抱着一棵烧焦的大柳树已经死了。

看着介子推的遗体，晋文公心中既内疚又震动。为了纪念这位忠心耿耿、不计报酬的大臣，晋文公下令把绵山改称“介山”，并将放火烧山这天定为寒食节，命令人们在这天不许生火，吃饭只能吃冷食。第二年，晋文公再次到介山纪念介子推时，发现那棵烧焦的柳树竟然又活了过来，还发出了新芽，就把它称作“清明柳”。后来，寒食节也从晋国推广开来，成了全国百姓的节日。

不过，吃寒食也有些意想不到的好处。人们在春节期间吃了太多的大鱼大肉，等到天开始暖和的时候，采些野菜凉拌吃下，最适合清理肠胃，这样不仅可以强身健体，还能让头脑清醒，解决春乏问题，真是一举多得。

气清景明念故亲

清明节是一个怀亲念故的节日，这一天，人们要去已故亲人的坟前祭扫，供上菜肴果蔬，除去坟头的杂草，填上新土，将小动物们冬眠时打的洞穴填补完整。若是这天正好遇到下雨天，那人们原本哀伤的心情可就更低落了。唐代杜牧用“清明时节雨纷纷，路上行人欲断魂”的诗句来形容这一天人们的状态，再恰当不过。

清明扫墓这一节俗源于古代帝王“墓祭”之礼。中华民族自古以来就非常重视祭祖。早在春秋战国时期，就流行这样的观念——“国之大事，在祀与戎”，意思是说祭祀祖先和众神，是与通过武力手段平定天下同等

重要的家国大事。孔子也说："生，事之以礼；死，葬之以礼，祭之以礼。"意思是说家族后人对于长者，生前要尽心尽力地侍奉，死后也要同样尽心尽力地侍奉，这就是孝道。后来民间纷纷效仿，在清明这天祭祖扫墓，历代沿袭，渐渐成为中华民族一种固定的风俗。不过也有人认为清明节的很多节俗均与上一篇我们所讲的寒食节有关。

话说晋文公看到自己的爱臣介子推被烧死在大柳树上，悲痛不已。他痛哭拜祭，正在这时，他发现介子推的脊梁骨堵着一个柳树的树洞，洞里好像有什么东西。他掏出来一看，原来是片衣襟，上面还题了一首血诗：

“割肉奉君尽丹心，但愿主公常清明。

柳下作鬼终不见，强似伴君作谏臣。

倘若主公心有我，忆我之时常自省。

臣在九泉心无愧，勤政清明复清明。”

晋文公就将血书藏入袖中，然后把介子推和他的母亲安葬在那棵柳树下。走时他伐了一段烧焦的柳木，到宫中做了双木屐，每天望着它感叹“悲哉足下”。“足下”是古人下级对上级或同级之间的尊称，就来源于此。

到了第二年，晋文公前往介山祭奠介子推，行至坟前，见那棵老柳树居然复活了过来，嫩绿的柳枝正随风飘舞。晋文公望着复活的老柳树就像看到介子推一样。他尊敬地走到跟前，珍爱地掐下了柳枝，编成圈戴在头上。祭扫后，晋文公把复活的老柳树赐名为“清明柳”，又把这天定名为清明节。

不过如今的姑娘们在清明插柳可不是因为拜祭，也不是因为离别，而是为了青春永驻。俗话说“清明不插柳，红颜成皓首”，意思是说，清明不插柳的女孩，会老得很快。所以到了清明节，姑娘们就要跑到小河边，仔细挑

选一根好看的柳条，插在发髻上。

因为寒食这天要禁火一整天，火种早已灭尽，到了清明节就需要重新获得火种，这就叫作“请新火”。据说唐代宫廷每到清明节，都要让宫禁内的小孩子钻榆木取火，先得火者，皇帝要赐绢三匹，银碗一只。由于火种难得，且赐予臣下火种也可以表示关怀，笼络人心，所以朝廷又有“赐火”之举。所谓“日暮汉宫传蜡烛，轻烟散入五侯家”，说的就是这样的场景。

清明节处在仲春与暮春之交，此时气清景明，万物皆显，大自然处处显出勃勃生机。清明节的习俗除了广为人知的祭祀、扫墓之外，还有踏青、荡秋千、蹴鞠等一系列风俗体育活动。相传这是因为寒食节要寒食禁火，为了防止寒食冷餐伤身，所以大家来参加一些体育活动，来锻炼身体。

清明一过，气温升高，正是春耕春种的大好时节。“清明前后，种瓜种豆”，勤于稼穑的庄稼人也要开始春种了，这是我们现代社会的农人们依然遵循的自然规律。

第二章　夏天的节日

- 赤日初炎迎立夏
- 忙里偷闲过端午

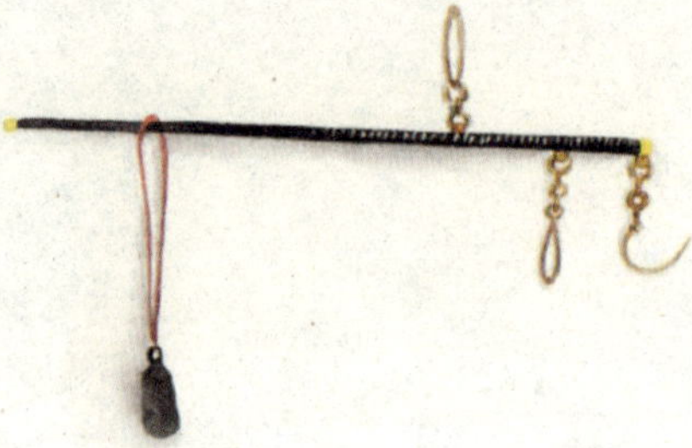

赤日初炎迎立夏

“立夏”意味着夏天的开始，一般在公历5月5日或者5月6日，是古代一个很重要的节日。

在这一天，皇帝要率领文武百官到城外去举行迎夏仪式：大家都穿红色的礼服，佩戴红色的玉佩，其他装饰品也要是红色的，以此表示喜庆、祈祷丰收。此外，皇上还会把冬天储存下来的冰块赐给大臣们，因为夏天到了，天气就要热了，冰块可以消夏。

夏天天气炎热，人容易疲劳，不想吃东西，对身体不好。在南方的一些地区，人们怕小孩子经受不住而生病，就有了称体重的习俗，人们找来一杆大秤来称小孩子的体重，

认为孩子被称过后，疾病就不会上身。这其实是提醒孩子们注意身体健康。古诗是这么说的：“立夏秤人轻重数，秤悬梁上笑喧闺。”

这个习俗是怎么形成的呢？有一种说法是，刘备的儿子阿斗虽然由赵子龙从长坂坡中救了出来，但他母亲已经投井自杀了，而后刘备娶了东吴的孙尚香，阿斗也交给了孙夫人抚养。这样一来，孙夫人就成了阿斗的继母，她怕别人说她对阿斗不好，就在立夏时给阿斗称体重，第二年立夏时再称一次，阿斗果然重了不少，大家都很高兴。于是，立夏称人的习惯就流传了下来。

除了称人，还有一个广为流传的立夏活动，那就是吃蛋与斗蛋。古代传说，立夏时，给小孩子吃蛋，可以避免夏天生病。蛋的形状，还容

易让人想到团团圆圆、幸福美满。所以在这一天，家家户户都会煮好带壳的鸡蛋，孩子们既可以吃，也可以拿着去互相撞，看谁的鸡蛋壳硬。立夏吃蛋，有白煮蛋、咸鸭蛋、茶叶蛋，等等。

除了鸡蛋之外，很多新鲜的食物在这个季节也可以摆上餐桌了，爱吃的人有福了。时令水果有樱桃、青梅、枇杷、杏子等，时令菜肴有蚕豆、芥菜、笋、海蛳、面筋、谷饼、鲳鱼等。

此外，立夏后，还是蚕宝宝成长的关键期，所以农历四月也被称为“蚕月”。江南很多养蚕的家庭为了避免惊扰到蚕宝宝，甚至会封门闭户，减少交往。宋代著名诗人陆游就写过“蚕家忌客门门闭”，也说“蚕月人家处处忙”。

忙里偷闲过端午

端午节由来已久、起源复杂，但中国人普遍愿意相信的是，过这个节日是为了纪念一位伟大的古代诗人，也就是战国时期的爱国诗人屈原。千百年来，端午节一直延续着，屈原不屈不挠的精神一直流传着，成为中华民族的文化传统。

屈原是战国时期的楚国人，是我国古代最伟大的诗人之一，他写下了《离骚》《九歌》等美丽宏伟的诗篇。他也是一位非常有才干的政治家，曾担任楚国的三闾大夫，帮楚怀王把内政外交事务管理得井井有条。可是，朝廷里有一位上官大夫，他非常嫉妒屈原的

才能，不停地对楚怀王说屈原的坏话。楚怀王信以为真，慢慢地疏远了屈原。

当时，战国七雄里最强大的国家是西边的秦国。秦国想攻打东边的齐国，但齐国和楚国之间曾立下共同对付秦国的盟约。秦国很是担忧，就派能说会道的外交官张仪带着丰厚的礼物到楚国去，告诉楚怀王说，只要楚国和齐国断交，秦国就把六百里土地送给楚国。楚怀王贪图土地，当真和齐国断了交。没想到，当楚国向秦国要土地时，张仪却说："我说的是六里，不是六百里。"楚怀王十分生气，发兵攻打秦国，结果最终自己却被困住。

屈原一直主张楚国和其他国家联合起来抗击秦国，但楚怀王怎么也不听。后来秦国约楚怀王见面，屈原说秦国肯定不安什么好心，反复劝怀王不要去。但怀王的小儿子子兰却说，为什么要拒绝人家的一番好意呢。楚怀王听了子兰的话，去了秦国，果然刚一去就被扣留住了，三年后竟然死在了那里。

屈原指责子兰害死了楚怀王，但子兰却在新即位的顷襄王面前说屈原的坏话。顷襄王一生气，竟然把屈原流放到了湖南湖北一带。楚国越来越衰弱，十几年后，都城终于被秦国攻破。消息传来，已流放十几年的屈原十分悲痛，跑到汨罗江边，抱着石头跳江自杀了。这天正是五月初五。

楚国的老百姓都非常爱戴屈原，听说他自杀了，都赶来江边追悼，划着龙舟打捞他的尸体。因为害怕鱼儿们咬他的身体，就用粽叶包着饭团投入江中喂鱼。后来，每当到了五月初五这天，人们就会划龙舟、吃粽子，以纪念这位伟大的诗人，慢慢就发展成了端午节。

农历的五月是大热的开端，旧时称“毒月”，五日称“毒日”，午时为“毒时”，三毒之端称“端午”。古人认为端午这日，各种魑魅魍魉（古代神话中的鬼怪）会趁机作乱，给人们特别是孩子带来灾难。因此早在端午来临前，人们就准备好各种物品来消灾防毒。最常见的是插菖蒲艾草，民谚说“清明插柳，端午插艾”，就是这个道理。此外，还有在门上挂钟馗、饮雄黄酒、大人小孩泡药汤等习俗。

端午这天，人们还有在身上佩戴香包的习惯。香包又叫荷包，是用碎布缝成的精致漂亮的小袋子，里面装着香料，香气扑鼻。有些地方还会给孩子的手腕、脚腕上系上五彩绳。将艾草、菖蒲插在门上，也是为了辟邪，人们相信这样能够驱除病菌和妖魔。

仲夏五月是农事劳动最繁忙的月份，但人们依然没有忘记为自己准备美食。粽子是端午节最具特色的美食，人们浸上新收获的糯米，准备好红豆、红枣等其他配料，再将青绿的粽叶洗净，包成一个个或四角或六角的粽子。此外，端午节还流行有雄黄酒、五黄、打糕等特色食物。这些吃食给夏收时节忙碌的劳动人民注入新的能量，让他们在收获的时候更有力量。有些地方的人们还要忙里偷闲，进行一场激烈的龙舟竞赛。这在繁忙中度过的节日，既是一种休息，又激发了人们接下来劳动的热情。

在劳动中盼望节日，节日过后再精力充沛地投入劳动，在这样的循环中生活，既是古人的生活状态，也是今人的生活图景。

第三章 秋天的节日

- 一叶落知天下秋
- 牛郎织女共七夕
- 诚度亡魂七月半
- 阖家团圆话中秋
- 九九重阳登高处

一叶落知天下秋

过完炎热的夏天，就是凉爽的秋天了。“立秋”预示着秋天开始了，通常在公历八月初。前面说到二十四节气，立夏、立秋都是二十四节气之一，而古人根据天气和万物的变化，又将每个节气分为三候，一年也就是七十二候。

每个候都有一个物候现象相对应，称为“候应”。候应一般包含天气、植物和动物的变化。以立秋为例，“初候凉风至”“二候白露降”，都表示天气发生变化了，凉风将带来降温，早上也会有露水；“三候寒蝉鸣”，也就是说蝉开始叫了。

不过，虽然立秋了，但天气不会一下子就冷下去，民间还有“秋老虎”的说法。立秋后，早上和晚上天气都不会太热，但中午和午后还是很热的，这样的天气可能会持续大半个月左右。所以，立秋后也还要注意补充水分，注意饮食。

既然天气变化了，人们的生活也要相应地发生改变。立秋在古时候又叫“立秋节”，有很多相应的民俗活动。

立夏时，皇帝和文武百官要去郊外举行迎夏仪式，立秋时，也要举行迎秋仪式。不过立夏时，穿着和装饰都是红色，立秋时则要改成白色。汉代和唐代的皇帝要打猎，然后祭祀祖先。祭祀之后，还会操练军队，因为秋天凉气逼人，似乎充满了杀气，国家要做好准备，以应对可能的

战争。宋代的时候，宫里种有梧桐树，立秋时要将树移到宫殿内，负责的官员说一声“秋天到了”，然后让梧桐树飘下几片叶子，便寓意着秋天来临了。

立夏时，会称孩子的体重，立秋时同样要称，两相比较，看看夏天有没有长胖。一般来说，夏天炎热，人们的食欲不好，也就容易瘦。所以，立秋了就要多吃，俗称“贴秋膘”。这个季节要多吃些凉性的食物，比如红枣、栗子、百合、莲子、山药、白扁豆、莲藕、牛肉、羊肉等。

说到吃，还有一项习俗不得不说，那就是“咬秋”。“咬秋”就是指在立秋这天吃西瓜的习俗，意为天气转凉，西瓜少了。现在西瓜是我们生活中常见的水果，它最早产自回纥，在一千多年前传入中原，是夏天解暑的好东西。但凡事都要有个度，毕竟西瓜偏凉，吃多了对身体也不好。

俗话说“春耕秋收”，秋天还是一个收获的季节。你看“秋”字，左边是“禾”，指的是谷物要成熟了。对农民来说，那也就到了农忙的时候，忙不过来时，邻里之间就会互相帮忙干农活。这就是邻里间的守望相助，是农业社会里温馨的场面。

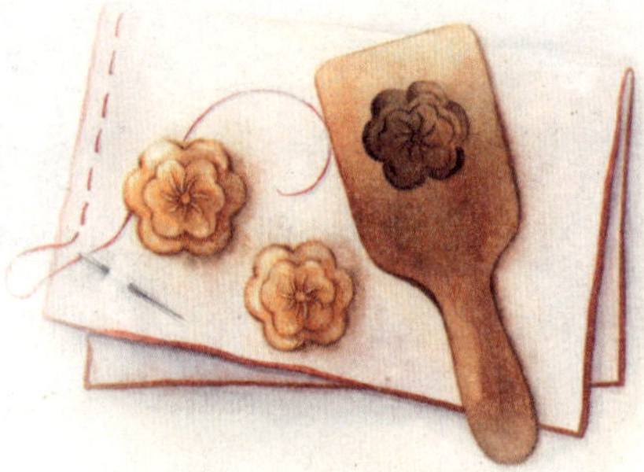

牛郎织女共七夕

农历七月，天气尚暖，草木飘香，这就到了人们俗称的“乞巧节”或“女儿节”，这是中国最具浪漫色彩的一个节日，七夕节源于牛郎织女的爱情故事，因此，七夕也被称作中国的情人节。这一日，天上金风玉露鹊桥会，人间亦是有情人终成眷属，到处洋溢着幸福美满的气息。

其实，七夕最早应该是源于人们对自然星辰的崇拜。早在三四千年前，随着人们对天文的认识和纺织技术的产生，人们就对天上的星宿产生了各式各样的想象，创造出了有关牛郎织女星的神话传说。牛郎是位于银河以东的牵牛星，织女则是银河之西的织女星。因为这两星始终隔河相望，人们便产生无限遐想。织女星十分明亮，呈青色，其下方有四颗较黯淡的星，组成小小的平行四边形，这就是神话传说中织女编织的美丽云霞和彩虹梭子。牵牛星是微微黄的那颗，亮度要次于织女星，在他两边有两颗小星，名扁担星，传说中是牛郎担着的一对儿女。别看我们站在地面上看牛郎织女星离得不太远，但实际上据现代天文观测结果可知，牛郎和织女这对情侣相距了十六光年（一光年约等于十万亿公里）。这就是说，他们之间即使是彼此打个电话说句话，对方也要等许多许多年后才听到。可是善良的古人却不知道这些，他们诚挚地相信，银河两岸的这对苦命鸳鸯在每年的七夕都能阖家团圆。

在我国传统中，七夕节是妇女向织女乞巧的日子。七月初七这天晚上，少女、少妇们会举办一个别开生面的“拜织女会”。她们在月光下

设好神坛，供上瓜果、香炉以及女孩子们用的镜子、梳子等各种东西，焚香后祭拜织女，向织女星默念心事，祈求梦想成真。在古代的七夕之夜中，人们还会供奉巧果来乞巧呢！巧果是用面和糖制成的一种油炸点心，是南方一些地方流行的七夕节食物。

七夕乞巧的方式有很多种，汉朝时，妇女们晚上对着月亮穿九孔针，先穿完的人就算是得了“巧”；南北朝时流行捉来蜘蛛放在小盒中，第二天打开看，若是蛛网结得密，就算是得了“巧”；明清时流行向水碗里扔绣花针，若是针影能形成精巧的图案，也算是得了“巧”。

除了女子们对牵牛星和织女星的崇拜外，在七夕，男子们也有自己崇拜的星宿。古人把天空中东西南北方向的各七颗代表方位的星星，合称为二十八宿，其中以北斗七星最亮，可供人们在夜间辨别方向。据说北斗七星的第一颗星叫魁星，又称魁首。后来，科举制度兴起，有人就把中状元叫“大魁星下士”，因此，读书人就把七夕节叫“魁星节”，又称“晒书节”。所以到了七夕，当女子们成群结队礼拜织女星时，那些有志于科举的读书人也在对着北方的魁星虔诚拜祭。这就是所谓的“七夕乞巧，女乞巧，男乞文”。古代女子无才便是德，社会不要求她们有多少学问，只要手巧，能做好家庭主妇就可以。可是对于男子却不同，男子学而优则仕，这才是中国古代对于男子的最高要求。不过现在社会文明程度提高了，男女平等，女子也是半边天！

诚度亡魂七月半

大多数传统节日都是人来过的，但你们知道吗，偏偏有个特别奇怪的节日，却是让“鬼”来过的。这就是著名的“鬼节”。鬼节在每年农历七月十五，所以也叫“七月半”。和让人尽情娱乐的正月十五上元节相对，这个让鬼过的七月十五被称作“中元节”（另外还有农历十月十五的下元节）。随着佛教传入我国，它也被称作“盂兰盆节”。佛教有《盂兰盆经》，“盂兰”的意思是“倒挂”，如果供上盂兰盆，就能把死去的人从倒挂之苦里拯救出来。

在传说中，中元节的来源与地藏菩萨有关。相传，地藏菩萨的母亲去世后来到阴曹

地府，被关在牢房里受十八层地狱的种种折磨。地藏菩萨是个孝子，看到母亲受罪，于心不忍，就在七月十五这天徇私情想把母亲放出来。谁知牢门一开，牢房中所有的鬼魂都蜂拥而出，此时人间和地狱合二为一，阴间和阳间互通往来，祖先和后代“相聚”在一起，既沉重又热闹，因此就有了“七月半，鬼乱窜”一说。后来，人们把这一天就定为“鬼节”。

鬼节这天晚上，人们要烧纸钱、摆供品来进行祭祀活动，先祭拜祖先祈求先人护佑，然后祭祀孤魂野鬼，希望免遭骚扰。虽然“鬼节”听起来阴气森森，但其实它和寒食节、清明节很相似，都是子孙祭祀祖先、发扬孝道的节日，大家大可不必为此害怕。

七月十五除了是道教中元节、民间的鬼节之外，又是佛家的盂兰盆节。相传古代有个叫傅相的人，他一家三代都是佛教徒。傅相死后，他的妻子刘四娘破戒杀牲，大开五荤，还打骂僧人、道人，甚至还焚毁佛经。刘氏死后被打入阴曹地府，受尽酷刑惩处。她的儿子目连出家为僧，潜心修炼，修成正果，进入天堂，得知母亲正在地狱受罪，便入地狱寻找母亲。目连为找母亲，遍寻地狱，见尽地狱惨状。最终他在阿鼻地狱找到正在受罪的母亲，但以他母亲生前的罪孽，不能走出饿鬼道，给她吃的东西没到她口中，便化成了火。目连无计可施，十分悲哀，只得祈求于佛。

佛就让目连于七月十五日，建盂兰盆大会，借十方僧众之力，让他母亲吃饱。于是就有了七月十五这个供十方僧众以超度亡人的佛教典故。目连的母亲一吃饱就转入人世，变成一条黑狗跑了，目连又诵了七天七夜的经，才使他母亲脱离狗身，进入了天堂。

放河灯也是中元节一项很有特色的活动。就像元宵节（上元节）人们张灯结彩一样，在中元节人们也要给鬼魂张灯结彩，于是就会在水里放“河灯”。河灯最早是用荷叶做成的，人们在荷叶里点上蜡烛，放在水里，让它顺水漂

流。烛光星星点点，十分美丽。有人说，人们放河灯，是为了照亮逝去的灵魂回家的路。

阖家团圆话中秋

农历八月十五，月亮又圆又亮，俗话说“月圆人团圆”，故而中秋节又被称为“团圆节”，是中国人除春节外第二大阖家团圆的日子。那“中秋”一说何来呢？这可就和古人对每个季节的称谓有关了。一年有春夏秋冬四季，每季三月，分别取名孟、仲、季，比如春天的第一个月就叫孟春，第二个月就叫仲春，第三个月就叫季春。中秋节在秋天的第二个月，所以也唤作仲秋节，但因为“中”字表示中间，“中秋节”这一名字更为流行。

中秋节也叫“拜月节”“月夕”。月亮是我们国家最有诗意的意象之一，它安静美好，皎洁的光芒照耀着人间。中秋节是一年中赏月的最佳时节。一家人坐在一起欣赏皓月当空的美景，是我国人民一直以来的传统，诗人们还写下不少关于中秋明月的诗篇呢！对着月亮，我们会想起远在异乡的亲人朋友，他们此刻也正和我们一样看着这轮圆月。

每当我们抬头看月亮的时候，都会隐隐约约感到月亮表面好像有一些黑影，轮廓很像一个美女。特别是在中秋节的月圆之夜，她的影子好像显得更加清晰。其实，在我国的神话传说里，月亮上的这个美女还真的有个名字呢！她叫作嫦娥，是从人间飞到月宫里的。

嫦娥是后羿的妻子，既美丽又贤惠。后羿是个善于射箭的大英雄。远古时候，天上曾有十个太阳一起出现，使得老百姓遭受了很多苦难。后羿很有爱心，见到这种惨状，为大伙儿一口气射下了九个太阳，让人们重新过上了平安幸福的生活。不少人都来向后羿拜师学艺，这里面混进一个心术不正的人，叫作蓬蒙。

有一次，后羿从西王母那儿求来了一种不死药，只要吃了这种药，立马就能升仙。后羿不忍心抛下妻子独自成仙，就把仙药交给嫦娥保管。不料几天以后，后羿率众徒出门狩猎，心怀鬼胎的蓬蒙假装生病，

没有同行。待后羿离开走远，蓬蒙就持剑闯入嫦娥房中，威逼嫦娥交出仙药。情急之间，嫦娥拿出药一口吞了下去。吞下药的嫦娥身子立时就飘离了地面、冲出窗口，向天上飞去。可嫦娥心里始终牵挂着丈夫，所以她就飞到离地面最近的月亮上成了仙。

嫦娥离开后，思念妻子的后羿常常在院子中望着月亮，表达对嫦娥的思念之情。百姓们也纷纷在院子里祭拜嫦娥。从此，八月十五拜月的习俗就流传下来了。人们搬来香案，供上月饼、苹果、石榴等秋季节令食品，朝着月亮的方向进行祭拜，称为“拜月”，希望月亮能够保佑全家这一年平平安安、吉祥如意。

就像元宵节的元宵、端午节的粽子一样，月饼是属于中秋节的食品。中秋吃月饼的习俗从唐朝就开始了，人们将月饼做成满月的形状，象征圆圆满满。一家人分吃月饼，象征阖家团圆。

俗话说："年怕中秋月怕半。"意思是说：到了月半，这一月的时光就所剩不多了；到了中秋，这一年的岁月就快过到底了。所以，大家吃了月饼，赏罢圆月，可得珍惜这稍纵即逝的时光呐。

九九重阳登高处

中秋过后二十多天，秋天渐渐接近尾声。中国人向来认为成双的数字代表着吉利，和二月初二龙抬头、五月初五端午节、七月初七七夕节一样，农历九月初九也是一个富有特色的节日——重阳节。“九”谐音“久”，在十进制里，九是阳数中最大的，为阳数之极，古人赋予数字九极大、极高、极多、极久等含义，用来表示事物已近极致。“九九”又和“久久”谐音，代表着长长久久的意思，所以人们把重阳节看作一个吉利的节日，期盼自己也能够健康长寿。

每到这一日，民间就有登高、插茱萸、饮菊花酒庆祝重阳的习俗。王维在《九月九日忆山东兄弟》里写道：“独在异乡为异客，每逢佳节倍思亲。遥知兄弟登高处，遍插茱萸少一人。”说的就是这一节俗。至于人们为何要在这一日登高、饮酒插茱萸，就与东汉时期的一个神话故事有关了。

很久以前，有个叫桓景的小伙子，他家住在汝河边上，家里有父母、妻子，一家人生活得简简单单、快快乐乐。不料，天有不测风云，有一年，汝河沿岸忽然暴发了瘟疫，一夜之间死了很多人。桓景的父母也没能躲过，双双去世了。大家都说，汝河里来了一个瘟魔，天天兴风作浪、

散布瘟疫，危害人间。桓景对父母的去世很悲痛，为了替父母报仇，也替乡亲们除害，他决定出去学艺，除掉瘟魔。

告别了心爱的妻子，桓景一个人上路了。他翻越了很多座高山、渡过了无数条大河，才终于打听到东南方向的山中住着一个叫费长房的神仙，非常善于除妖斩魔。他继续向东南前进，历经千辛万苦，磨破了很多双鞋子，才终于见到了费长房。见这个小伙子既善良又勇敢，而且为民除害的心是这样坚决，费长房也被感动了，于是便收下桓景当徒弟。他交给桓景一把青龙宝剑，教他学习降妖的武艺。桓景也很聪明，每天刻苦学习，很快就把师父教的剑术练得炉火纯青。

见桓景练得差不多了，有一天，师父对他说：“今年九月九日，汝河里的瘟魔又要出来害人了，你快回家去，为乡亲们除害吧！我这里有一瓶菊花酒、一包茱萸叶，你回去给每个人发一点儿，让他们一定到高处避难。”说完，师父就招来一只仙鹤，让它驮着桓景回家了。

回到家里，桓景给每人喝了一口菊花酒，又给每人发了一片茱萸叶，让他们插在身上。大家都听桓景的话，爬到了附近的高山上躲避。刚准备好，瘟魔就来了。它张牙舞爪来到山下，不料却闻到一股菊花和茱萸的香味，立马被熏得头昏眼花，找不到方向。就在这个时候，桓景抽出宝剑，几下就把瘟魔杀死了。从此，人们在每年九月九日都会喝菊花酒、插茱萸、登高，为的就是躲避灾祸、祈求长寿平安。后来，这一天被定名为“重阳节”。

重阳节的历史很悠久。这时正值秋高气爽、菊花盛开，很早之前人们就有在这一天赏菊、喝酒的习俗，到了唐朝则被定为正式节日。每到九月初九，人们都会举行各种活动来庆祝。重阳节也是个出游赏景的好时节，人们习惯在这一天登高望远，一边锻炼身体一边欣赏秋景，心旷神怡。人们还喜欢在重阳节吃重阳糕，因为“糕”和“高”同音，象征着步步高升，人们认为它能够带来好运气。

秋天是菊花盛开的季节，尤其是重阳节前后，菊花开得最好。菊花不仅美丽，而且凌寒开放，是生命力的象征。人们在重阳节欣赏千姿百

态的菊花，既能获得美的享受，也希望能够像它那样健康长久。人们也会在重阳节这天吃各种用菊花做的食品，其中最重要的就是喝菊花酒了。菊花酒清香扑鼻，还可以养生健体。

重阳节除了菊花，人们有时还会玩赏茱萸。茱萸是一种可以入药的植物，它香气浓烈，可以驱赶蚊虫、减退风寒。人们习惯在重阳节这天佩戴茱萸，希望能借此辟灾祛邪。因此，重阳节也叫“茱萸节”。

现在在我们国家，重阳节也被定为老人节。在这一天，大家都来要尊老、敬老、爱老，关爱老年人的生活。孩子们也要和爸爸妈妈一起去看望爷爷奶奶，和他们一起吃重阳糕，外出散散步，帮他们舒活舒活胳膊腿儿，做一个孝顺的孙子或孙女。

第四章　冬天的节日

- 冬至大如年
- 腊月初八腊八粥
- 青烟一缕送灶君
- 辞旧迎新到除夕

冬至大如年

漂泊在外的诗人白居易在冬至这日在想象中与家中的亲人互读彼此的思念。他写下了这样的一首诗：

邯郸驿里逢冬至，抱膝灯前影伴身，
想得家中夜深坐，还应说着远行人。

从这首《邯郸冬至夜思家》中，我们可以看出冬至在唐代该是个团圆的日子。但实际上，冬至这一节日进入人们的生活，要远远早于唐代呢。

早在两千五百年前的春秋时代，祖先们已经用土圭测定出了冬至，它是我国二十四节气中最早被测定确立出来的。冬至的时间在每年的阳历12月22日或者23日之间。冬至是北半球全年中白天最短、黑夜最长的一天，过了冬至，白天就会一天天变长。古人对冬至的说法是：“阴极之至，阳气始生，日南至，日短之至，日影长之至，故曰：‘长至’。”俗称“冬节”“长至节”“亚岁”等。古人对冬至十分重视，他们认为冬至是阴阳二气的自然转化，是上天赐予的福气。汉朝时天子以冬至为“冬节”，举国同庆。《后汉书》中这样记载：“冬至前后，君子安身静体，百官绝事，不听政，择吉辰而后省事。”意思是说，在冬至这天，朝廷上下都放假，官府要举行“贺冬”“祭天”等仪式，军队待命，边塞闭关，商旅停业，亲朋好友以美食相赠，相互拜访，人们会欢乐地过一个安身静体的节日。

冬至节到唐宋时期更加受到人们重视，有些民间习俗一直流传至今。唐宋时期，冬至是祭天祭祖的日子，皇帝在这天要到郊外举行祭天大典，百姓在这一天要祭拜已故的尊长。各地百姓在这一日所吃的美食的花样也越来越多，主要以饺子、馄饨、汤圆和甜丸为主。

相传冬至吃饺子的习俗是来自医圣张仲景。传说南阳医圣张仲景曾在长沙为官，他告老还乡之时正逢大雪纷飞的冬天。这时节寒风刺骨，他看到白河两岸的许多乡亲衣不遮体，很多人的耳朵被冻烂了，心里很难过，就叫弟子用羊肉、辣椒和其他一些驱寒药材放在锅里煮熟，捞出来剁碎，用面皮包成耳朵的样子，再放入锅里煮熟，做成一种叫“驱寒娇耳汤”的药物，分给大家吃。之后，大家的耳朵都好了。后来，每逢冬至，人们便学着做“驱寒娇耳汤”来吃，此后人们称这种食物为“饺子”，也有地方称“扁食”或“烫面饺”。人们相信，吃了冬至的饺子，便不会受冻了。所以，有句俗语叫：“冬至不端饺子碗，冻掉耳朵没人管。”

关于吃馄饨这一节俗的来源，全国各地有不同的说法。其中有这么一个传说，相传一日宴上，吃腻了山珍海味的吴王没胃口，美女西施就进御厨房包出一种畚箕式的点心献给吴王。吴王一口气吃下一大碗，连声问道：“这是什么点心？味道这么鲜美！”西施想，这昏君浑浑噩噩混沌不开，便随口应道：“混沌”。为了纪念西施的智慧和创造，人们便将馄饨定为冬至节的应景美食。这一传说在苏州一带广为流传，很多姑苏民众到现在还保留着冬至吃馄饨的节俗。还有一种解释源自汉朝，相传汉代时，北方匈奴经常骚扰边疆，百姓不得安宁。当时匈奴部落中有浑氏和屯氏两个首领，十分凶残。百姓对他们恨之入骨，于是用肉馅包成角儿，取“浑”与“屯”之音，称为“馄饨”。人们怀着愤恨吃下它们，心中希望能赶快平息战乱，能过上太平日子。因最初制成馄饨是在冬至这一天，所以此后冬至时，家家户户吃馄饨。还有流传于北京一带的元始天尊诞辰一说。冬至日，京师各大道观有盛大法会。道士纷纷上表，庆贺元始天尊诞辰。道教认为，元始天尊象征混沌未分、道气未显的第一大世，故民间有吃馄饨的习俗。《燕京岁时记》云：“夫馄饨之形有如鸡卵，颇似天地混沌之象，故于冬至日食之。”馄饨与“混沌”谐音，故民间将吃馄饨引申为“打破混沌，开天辟地”。如今人们早已不大讲究馄饨的传说原意，只把它当作一种节令饮食。不过历经岁月，如今

的馄饨名号繁多，江浙等大多数地方还称“馄饨”，而广东则称“云吞”，湖北称“包面”，江西称“清汤”，四川称“抄手”，新疆称“曲曲”。

吃汤圆也是冬至的传统习俗，在江南尤为盛行。“圆”意味着“团圆”“圆满”，冬至吃汤圆又叫“冬至团”。民间有“吃了汤圆大一岁”之说。冬至团可用来祭祖，也可用于互赠亲朋。古人有诗云：“家家捣米做汤圆，知是明朝冬至天。”

冬至吃甜丸这一习俗主要流行于潮汕一带。甜丸既甜又圆，表示明年既获丰收，又能合家团圆。旧时潮汕人民不止吃甜丸，还要往门上贴甜丸呢！相传五谷的种子，是老鼠从很远很远的地方咬来给农民种的，农民为报答老鼠的功劳，就在万物凋零的冬至日在门外贴甜丸给老鼠吃，同时也阻止饿极的老鼠进入屋舍为害。

当男子们忙着贺冬祭祖，妇人忙着筹备美食的时候，孩子们也不闲着，他们要给教他们读书识字的老师送豆腐行礼，拜师完毕后还要欢快地唱起九九歌：“一九二九不出手，三九四九冰上走，五九六九沿河看柳，七九河开，八九雁来，九九加一九，耕牛遍地走。”

人们从这天起也开始画九九消寒图了。消寒图的形式有很多，最简单的是画纵横九栏格子，每格中间再画九个钱形，共得八十一钱。消寒图画好了，人们就将它们贴起来，冬至后开始进入数九寒冬，人们每天在这消寒图上涂满一格，等所有的格子都涂满了，就是九九艳阳天了。而涂消寒图的方法却是有讲究的。如果有谁不知道，那响亮的民谣就要唱起来了："上阴下晴雪当中，左风右雨要分清，九九八十一全点尽，春回大地草青青。"

冬至是古人感怀生命的重要日子，他们祭天拜祖谢师恩，敬老爱幼，休息静养，祈愿来年生活幸福。

腊月初八腊八粥

秋去冬来，没过多久，眨眼十二月就来了。到了一年末尾，又该准备过年了。有一首童谣是这样唱的：

小孩小孩你别馋，
过了腊八就是年。
腊八粥喝几天，
哩哩啦啦二十三。
二十三，灶糖粘，
二十四，扫房子，
二十五，做豆腐，
二十六，煮猪肉，

二十七，杀公鸡，

二十八，把面发，

二十九，蒸馒头，

三十晚上玩一宿，

大年初一满街走。

这首童谣唱的就是过年前的准备工作。我们说的“过年”并不只有一两天，其实“过年”很漫长，从“腊八”就开始有年味了。腊八是农历十二月八日，古人把农历十二月叫作“腊月”，后来，又将腊月初八定为“腊日”。

关于“腊八”这个名称的来历有不同的解释，最古老的说法是它来源于祭祀，“腊”就是“打猎”的“猎”的意思，是说人们捕获禽兽来祭祀。古代农时分为春耕、夏耘、秋收、冬藏，由于前三个农时人们都很忙，直到冬藏时期，人们才有了闲暇时间进行大规模的祭祀活动。他们祭祀祖先，目的在于祈求来年风调雨顺，庄稼丰收，多福多寿。这种祭祀被称为腊祭，因为腊祭通常是在农历的十二月进行，所以人们就把农历的十二月称为腊月。腊祭的月份固定，但日期有些变化，有时候在月初，有时候在月末，后来，每一年的腊祭更多在腊月的第八天进行，所以六朝以后，人们就把腊祭的日子固定在腊月初八这一日了，从此就有了腊八一说。

说起腊八的节俗，最重要的就是喝腊八粥了。可人们为什么这天要喝腊八粥呢？这就和纪念佛祖释迦牟尼有些关系了。相传释迦牟尼在成

佛之前是一位王子，他为了找到人生的真谛，遍访印度的名山大川，修行了六年，身体变得十分虚弱。有一天他来到了北印度的摩伽陀国，这个地方人烟稀少，天气极其炎热，王子又累又饿，体力不支昏厥了过去。恰好遇上一位好心的牧羊女，她用随身所带的杂粮泡上水，煮成粥喂给王子吃，释迦牟尼喝完粥之后苏醒过来，很快恢复元气，于是就在一棵菩提树下苦思静修，终于在十二月八日这一天觉悟成佛。后来，人们对释迦牟尼遭受的苦难念念不忘，也在十二月八日这一天做粥来吃，来纪念释迦牟尼，这就是腊八粥的由来。佛家也因此把这一天定为佛成道的日子，很多寺庙都会在这一日举行盛大的法会，同时做腊八粥免费供给前来寺庙静修的人们。

腊八粥是腊八节富有特色的食品，煮腊八粥的材料越多越好，这才显得花样繁多、吉庆有余。大米、小米、红豆、红枣、莲子、花生、栗子、杏仁、葡萄干……讲究的人家，材料有十几种之多，这样熬出来的粥，也更加香甜可口。

有些地方也会在腊八节时吃腊八蒜。腊八蒜是用醋泡的蒜瓣，泡好后通体碧绿如玉，十分好看，也能增添过节的欢乐气氛。

青烟一缕送灶君

大家还记得上一篇开始的那首儿歌吗？腊八之后，“二十三，灶糖粘”。灶糖，也叫“糖瓜”，是一种麦芽糖，吃起来又甜又黏。腊月二十三这天，为什么要吃灶糖呢？

其实呀，灶糖不是光给我们吃的，也是给灶王爷吃的。这一天正是祭祀灶王爷的日子。灶王爷是传说中管厨房的神，被玉皇大帝派到家家户户，监督这家人的善恶功过，因此他在老百姓心中有很高的地位。到了腊月二十三这天，灶王爷就会升天，把这家人一年来做的事情报告给玉皇大帝听，要是做的坏事、错事被

玉皇大帝知道了，他就要降下惩罚。所以，人们要在灶王爷升天前给他吃灶糖，黏住他的嘴，让他只说好话，不说坏话。直到大年三十，灶王爷才重新下凡。

因此，每年腊月二十三叫作“灶王节”“祭灶节”（有的地方是腊月二十四日），也叫作“小年”，和正月初一的“大年”相对应。到了这一天，离过年也只有几天了，家家户户都抓紧准备，迎接新年。

这一天是人们祭祀灶神的日子。祭灶的方法因地各异，大致是先将厨房、炉灶清洁干净，然后用酒果、糕饼、清水、料豆、秣草等物品在灶神像前作祭，同时送上三炷香，并将麦芽糖用火融化，抹在灶神嘴上，麦芽糖又甜又黏，人们认为这样就能粘住灶神的嘴巴，使他不能在玉帝面前乱说。有些地方的人还将酒糟抹在灶门上来醉倒灶神，同样都是为了让灶神上天之后能少说坏话。祭完灶神之后，人们要将旧的灶神像揭下烧掉，表示送他去天上述职。旧的灶神像烧掉后，到年三十贴春联时，要再贴上新的灶神像。但大家可要记住了，在买新的灶神像时，千万不能说是“买”，要说“请”，意思是“请灶神”回家，这样表示对灶神的尊敬。

灶糖是腊月二十三祭灶节的食品，又甜又香，男女老少都喜欢吃，象征甜甜蜜蜜、圆圆满满。在这一天，有些地方也吃饺子，因为要送灶王，取意“上马饺子下马面”。

送灶神上天，过完小年开始就进入了大年的倒计时了。家家户户扫尘除垢，蒸花馍、酿美酒，准备迎接大年的到来。

说起年尾的扫尘，还有个传说，不得不说。相传尧舜时代，玉皇大帝派三尸神去了解人间遵规守纪的情况，这个三尸神禀性不好，在向玉帝禀报时添油加醋，搬弄出很多人间是非，久而久之，在玉帝的心中，人间简直成了个罪恶肮脏的世界。有一年年终，三尸神连着给玉帝汇报说人间咒骂天庭，聚众生事欲谋反天庭。玉帝听了大怒，觉得若是不对凡间加以惩治，凡人就会越来越没有规矩。于是，玉帝就对三尸神降旨，要三尸神立刻下凡挨家挨户对每个人进行巡查，凡亵渎天庭、不奉公守法的坏人，就要在腊月二十四时把他们的名字写在墙壁上，再让蜘蛛张网掩饰做记号。玉帝又对手有钢鞭的王灵官降旨，要他在大年三十晚上下凡，凡遇到作有记号的人家，便满门抄斩。

圣旨一下，三尸神可高兴了，他冲到人

间，不问青红皂白，挨家挨户往墙上写开了名字，做上记号，好让王灵官来个斩尽杀绝。

这一骇人听闻的消息，让灶神知道了，灶神常在人间，早就对三尸神的恶行不满，为了答谢凡人们对他的供奉之情，灶神决定拯救凡人。于是他便在腊月二十三人们送灶时郑重嘱咐人们，要在除夕前，将各处的墙壁弹扫干净，不能留任何蜘蛛网丝。人们纷纷遵照灶神的嘱咐除尘扫垢，掸扫蛛网，除去污迹，将居室里外打扫得干干净净。这一来，三尸神做的记号全部白费了。

王灵官来到人间，不见一处记号，又见人间秩序井然，家家户户窗明几净，幸福安乐，觉得自己被三尸神耍弄了，便回天庭告了三尸神一状。玉帝听闻真相，恼怒之下惩罚了三尸神。此后，人们为了感激灶神为人间除难免灾，所以每年在送灶之后就开始大扫除。

听完这个故事，你打扫家舍的干劲是不是更足了呢？

辞旧迎新到除夕

整个腊月底，人们杀鸡宰羊、打扫屋子、理发洗澡，忙忙碌碌、紧紧张张地为过年做着准备。当一切准备停当，一年的时钟也终于指向了最后一天——除夕。除夕也叫“岁除”，也就是一年即将“除去”的意思，一般在大年三十或大年二十九。这是个辞旧迎新的美好日子，新的一年马上就要到来，人们对它寄予了无限希望。

最初除夕单指这一天的夜晚，除日则指白天。后来，人们又把这一天的白天和黑夜统称为除日或除夕。不管是除日还是除夕，意义关键还是在于“除”。“除”有“去、易、交替”的意思，除夕正值“月穷岁尽之日”，因此有岁尽、岁除、年关、暮岁等别称。在这一天，所有的活动都围绕着除旧迎新、消除灾难、祈福呈祥而展开。

另外，“除”还有驱魔除恶这一层意思。古代社会，人们对自然的认识不够，便常将疾病等灾难归于有魔力的怪物，所以祛除这类怪物也成为“除”的另一个主题。传说中的“年兽”（也有些地方的人们叫它夕兽），就是一只吞噬人畜的怪兽。

相传这个叫作“年”的怪兽，头长触角，凶猛异常。它常年深居海底，每到一年的最后一天才爬上岸，吞食牲畜，伤害人命。因此，每到一年的最后一天，人们就扶老携幼逃往深山，以躲避“年”兽的伤害。有一年的最后一天，桃花村的人们正急急忙忙上山避难时，遇到一个从村外来乞讨的老人，他手拄拐杖，臂搭袋囊，银须飘逸，目若朗星。乡亲们有的忙着关窗锁门，有的忙着收拾行装，有的忙着牵牛赶羊，到处人喊马嘶，一片恐慌的景象，根本无人有暇关照这位乞讨的老人。只有村东面的一位老婆婆给了老人一点食物，并劝他随村人一起上山躲避，老人捋须笑道："婆婆若让我在家待一夜，我一定把怪兽除掉。"婆婆再三劝阻老人，老人都只笑而不语，婆婆无奈，只好留下老人，自己随村人前往山中避难。

夜半时分，"年"兽闯进村，发现村东头老婆婆家门贴大红纸，屋内烛火通明。"年"浑身一抖，怪叫了一声，朝婆婆家怒视片刻，随即狂叫着扑了过去。将近门口时，院内忽然传来"呼呼啪啪"的炸响声，"年"兽浑身战栗，再不敢往前了。原来，"年"兽最怕红色、火光和炸响。这时婆婆的家门打开，只见院内一位身披红袍的老人在哈哈大笑。"年"兽大惊失色，狼狈逃窜。

第二天是正月初一，避难回来的人们见村里安然无恙，十分惊奇。这时老婆婆才恍然大悟，忙向乡亲们述说了乞讨老人的许诺。乡亲们一齐拥向老婆婆家，只见婆婆家门上贴着红纸，院里一堆未燃尽的竹子仍在"啪啪"作响，屋内几根红烛还发着余光……欣喜若狂的乡亲们为庆贺吉祥的来临，纷纷换新衣戴新帽，到亲友家道喜问好。这件事很快在周围村里传开了，从此以后，人们把这一天叫作"除夕"，家家贴红对联、燃放爆竹，户户烛火通明、守更待岁。初一一大早，还要走亲串友，道喜问好。这些风俗越传越广，渐渐成了中国民间最隆重的传统节日——"过年"。这当然只是神话，但它也显现了古人"除夕"节中"除"旧除恶，另迎新岁新生活的愿望。

如今，每到除夕前夕，各地游子就会挤进春运的浪潮，舟车劳顿，赶回家乡。为了除夕夜那一顿团圆饭，那些在家乡的亲人从腊八开始就忙碌地准备着了，他们将庭院里外洒扫一新，蒸好花馍，杀过肥鸡、肥鸭，磨好鲜嫩的豆腐，烹制出品种繁多的菜肴，备齐精致的点心，就等着除夕的夜幕降临了。

一年里，或许你们最喜欢的就是热热闹闹、喜气洋洋的除夕夜吧！在这一晚，你能帮爸爸贴春联，帮妈妈包饺子。全家人聚在一起，一边吃着美味的年夜饭，一边欢声笑语，共同守夜等待新年到来，是一幅最美好最温馨的画面。因此，很多人都会赶除夕这天从各地回到家中来，合家团圆，迎接新年。“儿童强不睡，相守夜欢哗。……坐久灯烬落，起看北斗斜。”苏东坡的这首词，正是人们相聚守岁情景的生动写照。

第五章 少数民族的节日

- 苗族龙船节
- 泼水节
- 彝族火把节
- 鲁班节
- 那达慕大会
- 古尔邦节
- 开斋节

开斋节

前面我们讲了占全国人口绝大多数的汉族人一年四季的传统节日和节俗。但是除了汉族以外，在辽阔的中国大地上，还生活着其他五十多个民族。同样的，在漫长的历史进程中，各少数民族也形成了自己民族的传统节日。由于自然地理环境不同，生活方式不同，各少数民族节日传统独具特色，节日的庆祝方式，也与汉族人截然不同。这些独具特色的民族节日不仅充分体现了各个民族古老深厚的文化传统和独特的民族艺术，同时也丰富了中国传统节日的内容和风采。可惜，在这本书里我们不能将数量众多的民族节日一一详细介绍了，只能挑选其中的一些节日来说一说，如果大家感兴趣，在看完这本书后，可以再去多多搜集一些关于民族节日的资料。下面我们来说一说伊斯兰教的开斋节。

伊斯兰是阿拉伯语的音译词，它的原意为“顺从”“和平”，伊斯兰教主张人应该顺从和信仰宇宙的最高主宰安拉及其意志，所以那些信奉伊斯兰教的人就是“顺从真主者”，同时也是“实现和平者”。后来人们给这些“顺从真主者”与“实现和平者”起了另一个名字，就是我们现在所使用的“穆斯林”。如今，在很多城市的大街小巷，我们常可以看到很多提写着“穆斯林餐厅”字样的餐厅。这是因为我国信仰伊斯兰教的民族和信徒众多，像回族、维吾尔族、哈萨克族、柯尔克孜族、撒拉族、东乡族、塔吉尔族、塔塔尔族、保安族和乌孜别克族等十多个民族都信仰伊斯兰教。伊斯兰教信徒几乎遍布全国各地。因为穆斯林们的饮食习惯与汉族人不同，所以穆斯林餐厅也就随处可见，这些穆斯林餐厅保障了穆斯林们的正常生活，也保护了他们的民族信仰。

穆斯林们的传统节日主要有开斋节、古尔邦节、圣纪节等。其中开斋节是穆斯林们最珍贵最重视的一个节日。

伊斯兰教规定每个成年的穆斯林每年都要封斋一个月，在封斋期间每日两餐，在日出前和日落后进餐，白天禁止吃喝。斋月的开始和结束

均以见月为准。封斋的天数为二十九天或三十天。开斋节因在封斋一个月后开斋的那一天举行而得名。有时候在不同民族，开斋节也被叫作其他名称，比如回族叫它“尔德节”，维吾尔族叫它“肉孜节”。“肉孜”原是波斯语，也是斋戒之意。

关于开斋节的来源，有许多不同说法。传说古时候，回族的祖先为了躲避异族统治者的侵犯，就藏在深山里，白天不生火，晚上月亮出来后才开始做饭吃，后来历代沿袭，回族就有了闭斋这一习俗。后来其他几个信仰伊斯兰教的民族也效仿回族人，每年都在伊斯兰教历九月进行斋戒。但这只是民间传说，实质上开斋节这一节日是来源于宗教的。它是伊斯兰教教徒斋戒一月的标志。早在公元614年，穆罕默德就规定，成年的穆斯林在伊斯兰教历的每年九月，要斋戒一个月。据说《古兰经》

是在斋月里通过先知穆罕默德传到人间的。教徒们认为教历九月是颁降天启《古兰经》之月，所以称九月为一年中最吉祥、最尊贵的月份。每年在这一整个月里，穆斯林要进行封斋，让人们尝试饥饿的滋味，目的是让人们反省自己的罪过，控制个人的私欲，不要挥霍无度。

斋戒期满便是开斋节，开斋节一般要过三天。这天，人们早早起床、沐浴、焚香，衣冠整齐地到清真寺做盛大的礼拜，聆听领拜人讲经布道，朝圣地麦加方向叩拜，诵念《古兰经》。在新疆有的信仰伊斯兰教的地区，在开斋前一夜，各家就诵经不辍，一夜不睡。天亮时人们在院内树上挂一油葫芦灯，油尽灯落时，要踩碎葫芦，表示一切灾难都被破除。人们纷纷上街，给马扎满红色布标，马鬃与马尾上还用红绸束上野鸡毛，显得喜气洋洋。各家都准备了奶茶、杏仁、葡萄干、蜂蜜等糖果点心，招待来客。人们盛装打扮，吃喝说笑，来来去去，左邻右舍团聚一桌。节日期间，有些行路的陌生人感到饥饿时，亦可随便走进任何一家和素不相识的人一起饮食，同样可以受到主人的热情招待。如果你身边有穆斯林的话，那你不妨在开斋节的时候去感受他们的节日气息吧，没准还可以吃到各种美食呢。不过，由于伊斯兰教历与我们使用的公历每年相差十天，所以穆斯林的开斋节在公历里的时间每年都不固定。所以，你可得算准时间再去哦！

古尔邦节

古尔邦节也是穆斯林民族的盛大节日，在开斋节七天后举行。古尔邦节又称“库尔班节”或“宰牲节”。“古尔邦”在阿拉伯语中称作“尔德·古尔邦节”或“尔德·阿祖哈”。“尔德”是节日之意，“古尔邦”和“阿祖哈”都有牺牲、献身之意，因此人们也经常把这一节日译为“宰牲节”，即宰牲献祭的节日。也有译作“孝忠节”的，这名称是根据流传于阿拉伯地区的一个宗教故事演变而来。

据古代阿拉伯宗教传说，很早以前，回族的祖先信奉真主安拉，每年都要在规定的时间内，宰杀一定数量的牲畜，分送给周围的人，以表达对真主安拉的诚心信仰。当时，有个虔诚的信徒

叫易卜拉欣，他家贫如洗，没儿没女。有天夜里，他沐浴更衣，向真主安拉许愿说：“慈悲的真主啊！我是你虔诚的信徒与传道者，可我家贫如洗，没有牛羊可以宰杀，别人又瞧不起我，耻笑我，如果你让我生个儿子，我就把儿子宰杀后分送给周围的人，以见我的诚心。”易卜拉欣许愿后不久，果然生了个儿子，等他的儿子长到十二岁，有天晚上易卜拉欣在梦中听见有人对他说：“你许愿说宰了儿子，可你的儿子如今都已经十二岁了，你怎么还不将他宰了献祭于我？”这同一个梦，易卜拉欣连续做了好几次，后来，易卜拉欣决定兑现自己许的愿。他举刀要杀掉自己的儿子，就在这一瞬间，安拉派遣特使送来一只绵羊，对他说：“我已经看到你的真心了，你不需要再杀你的儿子了，请杀掉面前的这只绵羊代替你儿子吧。”从此，在阿拉伯民族中就形成了一种每年宰牲献祭的习俗。后来，公元七世纪初，穆罕默德创立了伊斯兰教，就继承了这一风俗，并规定将伊斯兰教十二月十日定为“宰牲节”或“古尔邦节”。

“宰牲节”是伊斯兰教仅次于开斋节外最隆重的节日。早在节前，家家户户的妇女就要炸油香、馓子、花花等。节日拂晓，孩子们换上节日的服装，欢乐地奔跳。大人们沐浴净身、燃香，换上整洁的衣服赴清真寺参加会礼。古尔邦节的会礼和开斋节一样，非常隆重。大家欢聚一堂，彼此之间互相祝福，然后由教长带领，一边诵赞词，一边步入礼拜大殿，举行节日会礼。会礼一般在一个大的乡镇举行，总是人山人海，但却多而不乱。在聚礼中，大家要回忆这一年当中做过哪些错事，犯过哪些罪行，教长要宣讲“瓦尔兹”，即教义和需要大家遵守的事等，最后大家互道“色俩目”问好。会礼结束后，还要举行一个隆重的典礼，还要宰牛、羊、骆驼等牲畜。一般经济条件较好的，每人要宰一只羊，

七人合宰一头牛或一峰骆驼。宰牲时还有许多讲究，不允许宰不满两岁的小羊羔和不满三岁的小牛犊、骆驼，也不宰眼瞎、腿瘸、缺耳、少尾的牲畜，要挑选体壮健美的来宰。所宰杀的牛羊肉不能卖，除自留一部分外，还要送一部分给清真寺和宗教职业者，其余部分则赠给亲友和贫民。“宰牲节”期间，人们从早到晚都沉浸在无与伦比的欢乐之中。有的地方按照传统习惯，古尔邦节要过三天，有的地方就只过一天。

如今，很多穆斯林民族依然延续着古尔邦节的节俗，也继续衍生出许多新的庆祝方式，丰富着我国的节俗文化。

那达慕大会

蒙古族自称“蒙古”，其意为“永恒之火”，别称“马背民族”，主要分布在东北地区的内蒙古自治区，新疆维吾尔自治区和青海、甘肃、辽宁、吉林、黑龙江等省区。蒙古最初是蒙古诸部落中的一个部落，1206年以成吉思汗为首的蒙古部落统一了蒙古地区诸部，建立了蒙古汗国，“蒙古”也由原来的一个部落名称变成一个民族名称。蒙古族主要以畜牧业为主，同时从事加工业、农业和工业。蒙古族人民擅歌舞，喜爱摔跤运动，每逢节日，歌舞、骑射、摔跤等娱乐活动便随处可见。蒙古族的传统节日主要有白节、那达慕大会、祭敖包、马奶节、

燃灯节等，其中那达慕大会是蒙古族节日中最为盛大隆重的一个。

“那达慕”是蒙古语音译，意思是“游戏、娱乐”，时间在每年的夏秋季牧闲时候举行。相传那达慕大会最早源自汉代，王昭君出塞时，草原人民曾以这种活动迎接她。后来，成吉思汗建立蒙古汗国后，每当举行首领大聚会时，都会举行规模较大的那达慕活动。最初大会上只举行射箭、赛马或摔跤的某一项比赛。到了元明两代，射箭、赛马和摔跤比赛成了男子那达慕的三项固定形式。清代，那达慕成了由官方定期召集的游艺活动，其规模、形式和内容较前均有发展。每到节日清晨，蒙古、回、达斡尔等族人民就身着盛装奔向那达慕会场。草原上扎起一座座洁白的蒙古包，饭馆、茶摊、说书棚纷纷搭建起来。往日里一直平静如水的草原一下子热闹起来，到处一片欢腾。

最初，每次到了那达慕大会，要先举行大规模的祭祀活动，蒙古族人民也像汉族人们一样，每逢节日就焚香点灯、念经诵佛，祈求神灵保佑，消灾除难。如今古老的祭祀仪式也已消亡，但人们在原始的摔跤、赛马、射箭、舞蹈，以及物资交流等活动形式之外，又增添了如马术、

摩托车表演、蒙古象棋、田径、球类比赛、文艺演出、放映电影等一系列新的节庆活动。在这些传统和新兴的节庆活动中，摔跤始终是蒙古族人民最热衷的一项竞技活动。从古时候起，摔跤就被视为蒙古族青年男子智慧与勇敢的标志，相信大家在电视上也看到过蒙古人的摔跤比赛吧。

蒙古人民摔跤不受时间、场地限制。尤其是那达慕大会期间，每两个人遇见，就可以进行摔跤对决，而且每两人之间都是一跤定胜负。他们的摔跤可不是一种蛮力的较量，而是有严格的规则，规定摔跤双方，不得抱对方的腿、不准扯对方辫子，只允许抓上身和腰带，任何一方手或膝部以上身体触地，即被判为失败。若是在正式固定的会场上进行摔跤比赛，摔跤手上场要先跳摔跤舞，唱摔跤歌，然后双方才能搂抱在一起进行角力。

除了摔跤外，赛马和射箭也是那达慕大会上重要的比赛项目。赛马分“赛跑马”与“压走马”两种。赛跑马主要是比赛奔跑速度，以抵达终点的先后顺序决出名次。压走马，主要比试稳与快，整个比赛过程都不许马儿放蹄大跑。赛马结束还要朗诵赛马词。射箭活动主要是比试骑射，是赛马和射箭的组合。这些充分体现游牧民族特点的比赛大都在白天进行。

除了白天激烈的竞技比赛外，在为期五到七天的那达慕大会中，暮色下的篝火晚会也热闹非凡。能歌善舞的蒙古青年男女轻歌曼舞，其乐融融，每一个人的脸上都洋溢着节日的欢乐。

鲁班节

鲁班节又称鲁班会、鲁班庙会，是居住在云南通海一带蒙古族的传统节日。在每年农历的四月初二日举行，为期一天。

相传在东周中期以前，由于缺少工具，土木工匠们一直从事着原始的、繁重的劳动。直到鲁班利用他的智慧，创造出许多灵巧的工具，人们才从枯燥乏味的劳动中解脱出来。此后，两千多年来，鲁班被土木工匠们尊奉为“师祖”，受到人们的尊敬和纪念。而居住在云南通海一带的蒙古族人民所具有的精湛建筑技术，是由本民族一个叫旃勒的小伙子从鲁班那里学来的。旃勒学成出师的日子是农历四月初二，因此云南通海的蒙古人为了纪念和庆祝本民族在土木建筑方面取得的成就，也为了纪念鲁班和斾勒，就把每年的农历四月初二定为“鲁班节”。

相传斾勒勤奋好学，聪明伶俐。他当年为了拜鲁班为师，踏遍了崇山峻岭，走遍了城乡村镇，才遇到了鲁班。鲁班见这个蒙古族后生拜师虔诚，学艺非常认真，十分喜爱，就把自己的绝技传授给了他。当斾勒提前满师时，鲁班非常赏识他，特地将记载了自己毕生高超技艺的一本《木经》赠给他，希望他回去之后，能把书上的技艺传给他们的家族兄弟，让他们也能成为高明的木匠。斾勒随即手捧《木经》宝书，向鲁班师祖叩首谢恩。

斾勒回到云南家乡，始终不忘鲁班的教导，他将自己的名字改成斾“班”，并广收门徒。这样代代相传，云南蒙古族人民也就普遍掌握了木工技艺，同时也学会了泥工、石工、竹工等技术。

因鲁班赐《木经》和斾班每年收徒之日正是农历四月初二，所以斾班将这一日定为鲁班节。每年此日斾班都要亲自讲授《木经》，并招来拜师的徒弟进行锯、刨、砍、钻、画线、雕花等技术大赛。他还选用最好的檀木亲手雕塑了一尊鲁班祖师爷神像，让徒子徒孙们奉拜，永远牢记鲁班祖师的教诲和恩典。

如今，每到了节日这天，那些外出修建的泥、木、石匠，无论路途远近都要赶回家里来欢度节日。各村寨还要杀猪宰羊，搭台唱戏。人们还把檀香木雕刻的鲁班像抬着，敲锣打鼓，在各个村寨之间游走，游过之后，大家汇集在一起，唱歌跳舞。他们最喜欢的舞蹈叫“跳乐”。跳时，先由男青年作为先导，他们怀抱龙头四弦琴，边弹边跳，后面的人群分成两行，有时围成圆圈，有时互相穿插，队形多变，且歌且舞，场面活跃，颇具民族风味。

彝族火把节

彝族主要分布在中国云南、四川、贵州三省和广西壮族自治区的西北部，是中国最古老的民族之一，也是中国少数民族中人口较多的民族之一。每年农历的六月二十四日，是彝族的火把节。除彝族而外，白族、傈僳族、纳西族、拉祜族等少数民族同样也过火把节。

火把节起源于原始人对火的崇拜。传说很久以前，彝族有一个英雄叫额其拉巴，力大无比，天下无敌。天神知道后，就派了几个摔跤能手下凡与他较量，结果都败在他的手下。天神恼羞成怒，就撒下蝗虫祸害庄稼。额其拉巴带领大家手举火把，绕着庄稼地走了三天三夜，终于消灭了蝗虫，保住了

大家的庄稼。此后，为了预防蝗虫的再次侵害，彝族人民每年都会举起火把，环绕田舍而行，就这样形成了一年一度的火把节。

虽说火把节的节期一般只有三天三夜，但有些人家从火把节的前一个月就开始做准备工作了。人们不仅要准备火把节的祭品，还要准备过节穿的衣服。到了过节那一天，家家户户都要把屋子打扫干净，穿上节日盛装。

第一天称为“都载”，意为迎火。这一日，村村寨寨宰羊杀猪，以美酒肉食迎接火神，妇女还要制作荞馍、糌粑面等美食，在外的人都要回家吃团圆饭，一起围着火塘喝自酿的酒，吃坨坨肉，共同分享欢乐和幸福。夜幕降临时，临近村寨的人们会在老人选定的地点搭建祭台，以传统方式击打燧石点燃圣火，由毕摩诵经祭火。然后，家家户户由家庭老人从火塘里接点用蒿秆扎成的火把，让儿孙们从老人手里接过火把，先照遍屋里的每个角落，再从田边地角、漫山遍野地走过来，用火光驱除病魔灾难。最后集聚在山坡上，映着火光，唱歌跳舞，做各种游戏。

第二天称为“都格”，意为颂火、赞火，是火把节的高潮。这日天刚亮，男女老少都穿上节日的盛装，带上煮熟的坨坨肉、荞馍，聚集在祭台圣火下，参加各式各样的庆祝活动。成千上万的人聚集在一起，组织赛马、摔跤、唱歌、选美、爬杆、射击、斗牛、斗羊、斗鸡等活动。姑娘们身着美丽的衣裳，跳起舞蹈。在这一天，最重要的活动莫过于彝家的选美了。年长的老人们要按照传说中黑体拉巴勤劳勇敢、英俊潇洒的形象选出美男子，选出像妮璋阿芝那样善良聪慧、美丽大方的美女。傍晚来临的时候，上千上万的火把，形成一条条火龙，从四面八方涌向同一地点，最后形成无数的篝火。天空都像被烧红了。人们围着篝火尽情地跳啊唱啊，一直闹到深夜，场面盛大，喜气浓烈。因此，火把节又被称为“东方狂欢节”。当篝火要熄灭的时候，一对对有情青年男女悄然走进山坡，走进树丛，在黄色的油伞下，拨动月琴，弹响口弦，互诉相思。因此，彝族火把节也被称作“东方的情人节”。

火把节的第三天，彝语叫“朵哈”

或“都沙”，意思是送火。这是整个彝族火把节的尾声。这天夜幕降临时，祭过火神吃毕晚饭，各家各户陆续手持点燃的火把，走到约定的地方，聚在一起，搭设祭火台，举行送火仪式，念经祈祷火神，祈求祖先和菩萨，赐给子孙安康和幸福，赐给人间丰收和欢乐。人们舞着火把念唱祝词，“烧死瘟疫，烧死饥饿，烧死病魔，烧出安乐丰收年”，以祈求家宅平安、六畜兴旺。人们还要将第一天宰杀的鸡翅鸡羽等一起焚烧，预示邪恶的精灵和病魔瘟神也随之被焚毁了。然后找一块较大的石头，把点燃的火把、鸡毛等一起压在石头下面，预示压住魔鬼，保全家人丁兴旺，五谷丰登，牛羊肥壮。最后，山上山下各村各寨游龙似的火把聚在一起，燃成一堆大篝火，以示众人团结一心，共同防御自然灾害。

泼水节

泼水节不仅是傣族影响最大、参加人数最多的节日，还是布朗族、德昂族等信仰小乘佛教的民族每年必过的节日。泼水节是傣族的新年，时间大多在傣历的六七月份，相当于公历的四月中旬，节日一般持续三至七天。第一天傣语叫“麦日”，与我们农历的除夕相似；第二天傣语叫“恼日”（空日）；第三天是新年，叫“叭网玛”，即为岁首，傣族人们把这一天视为最美好，最吉祥的日子。

关于泼水节的来历，在傣族人民聚居的云南一带流传着两个故事。西双版纳、德宏的传说都是由“七公主杀火魔”的故事得来。

相传在很早以前，有一个无恶不作的魔王霸占了美丽富饶的西双版纳，并抢来七位美丽的姑娘做他的妻子。姑娘们满怀仇恨，合计着如何杀死魔王。一天夜里，年纪最小的姑娘依香用最好的酒肉，把魔王灌得酩酊大醉，使他吐露出自己致命的弱点。原来这个天不怕、地不怕的魔王，最怕人用他的头发勒住自己的脖子，机警的小姑娘小心翼翼地拔下魔王的一根红头发，勒住了他的脖子。果然，魔王的头掉了下来，可是这掉下来的头却变成一团火球，滚到哪里，邪火就蔓延到哪里。竹楼被烧毁，庄稼被烧焦。为了扑灭邪火，小姑娘揪住了魔王的头，其他六位姑娘则轮流不停地向上面泼水，终于在傣历的六月把邪火扑灭了，乡亲们过上了安居乐业的生活。又因为傣历以六月为岁首，因此，后来便有了泼水节这个节日。

而位于丽江华坪地区的傣家泼水节的故事却与此不同。相传在很久以前，金沙江边一个聚居在密林深处的傣族村寨，因树林起火，村民处在被大火吞没的危难之中。一个名叫李良的傣家汉子，为保护村庄，不畏危险，冲出火网，从金沙江里挑来一桶桶江水，泼洒山火，经过一天一夜的劳累，山火终于被泼灭，村民得救，李良因为劳累流干了汗，渴倒在山头上。村民打来清水给李良解渴，但他喝了九十九挑水也解不了渴，后来，李良一头扑到江中，变成一条巨龙，顺江而去。有的人说，他变成了一棵大树。傣族人民为了纪念李良，每年农历三月初三这一天，每家都会将房屋清扫一新，撒上青松叶，并在选定的江边或井旁，用绿树搭起长半里的青棚，棚下撒满厚厚的松针，两旁放上盛满水的水槽。午间太阳当顶时，众人穿行于棚下，相互用松枝蘸水洒身，表示对李良的怀念和对新年的祝福。这项活动延续至今，成为傣族人民辞旧迎新、祝福吉祥的节日——泼水节。

虽说这两个故事有颇多不同，但不同之中却有一个不容忽视的相同之处。那就是傣族人们对水的看法。傣族人认为水是圣洁、光明、美好的象征，是生命的源泉，是生命之神。世界上有了水，万物才能生长。

所以在泼水节的清晨，傣族男女老少会穿上节日盛装，清扫整个村寨的水井。然后挑着清水，到缅寺整洁佛塔，为寺里的佛像洗尘，给寺里的僧侣赠送什物，然后就开始互相泼水，互祝吉祥、幸福、健康。人们一边翩翩起舞，一边呼喊“水！水！水！”这时候，鼓锣之声响彻云霄，祝福的水花到处飞溅，场面十分壮观。

傣族人的泼水是有讲究的，分文泼和武泼两种。文泼是对长者的泼水方式，泼水者口念祝词，用橄榄枝蘸上清水，轻轻地向长者的头上、身上洒几滴。武泼则无固定形式，用脸盆、水桶装水，直接泼到对方

身上去。因为泼水代表着祝福，因此，在泼水节里，一个人被泼的水越多，就表示受到的祝福越多。那几日，人们在大街小巷间嬉戏追逐，全身湿透却非常开心。

泼水过后，大家围成一圈，翩翩起舞，热闹非常。期间，除了浴佛、泼水之外，还有赛龙舟、放高升（在整棵大竹子的竹节里装上火药，点燃以后使其崩上天空）、丢包、放孔明灯等活动。此外，放河船、跳象脚鼓舞和孔雀舞、斗鸡等，也是泼水节期间的活动内容。近几年来，还增加了民俗考察、经贸洽谈等内容，使泼水节的活动更加丰富多彩。

苗族龙船节

说起苗族的龙船节，你是不是想到了我们汉族的端午节呢？虽说这两个节日时间相近，都是人们忙中偷闲来庆贺的一个节日，且汉族的端午节有龙舟竞渡的习俗，苗族人过龙船节也有竞渡龙舟的风俗，但它们却不是同一个节日。汉族的端午节时间固定在每年的五月初五，节日只有一天。而苗家的龙船节在时间上不是完全固定的，只能说大概在每年的五月十六日或二十四日至二十七日前后，至于每年的具体时间，就得根据当年的农事活动来定了，而且不同村寨的时间也会略有差别。

正如汉族人视龙为尊贵的象征一般，龙在苗族人心目中亦是吉祥如意的象征。所以，在每个苗族人的寨子里都建有“龙蓬”，每个“龙

蓬”里就藏着这个寨子的龙船。苗寨人的龙船精巧、美观且体型巨大，长达二十五米。龙身由一只母船和两只子船捆扎而成，称作“子母船”。龙头雕刻精美，有两米多长，装有一对一米多长的龙角。宛似牛角的龙角上，通常写有“风调雨顺”“国泰民安”等吉祥语。从这龙角上的吉祥语里，你可知道了苗寨人过龙船节的目的了么？如果你还不知道，那下面的故事可能会告诉你。

传说龙王是代天降雨的，可是有一次龙王却行错了雨步，下雨时间违反天意。天公大怒，令雷公把龙王劈成数段抛入江中。从此人间大旱，苗民立即造龙船沿清水江划渡，象征被雷公劈死的龙王复活了，又按常规降雨人间。赛龙舟求雨的古老风俗随即流传下来。

龙船节一般在清水江上举行，清水江穿过凯里时又名龙头江，每年农历五月十六以后，二十七日之前，等秧田里的杂草全都除干净之后，几十个村寨的龙蓬就被掀开了。人们先举行隆重的祭祀龙船的仪式，随

后抬下龙船，一条条颜色不同的龙船相继被放入清水江。一场龙舟竞渡即将开始。说是龙舟竞渡，但其实苗族人并不像汉族人那样重在龙舟竞赛，苗寨人的龙船是为了沿江串寨，走亲访友。在母船中心的船舱里装载着沿江要馈赠亲友的猪、羊、鹅和给水手的食品。

清晨，龙船开始在江中游动。所到之处，亲友们纷纷到岸边“接龙”。龙船过寨，船上人鸣放铁铳（古代一种类似枪的火器）传告亲友，岸上人鸣鞭炮相呼应。亲友们上前，向船上人敬酒，并将礼品——鸭鹅、彩绸挂于龙头。下午四时左右，龙船靠岸休息，水手们将糯米饭团和肉类放置船帮上就餐。岸上的妇女和小孩纷纷前来“套路边饭”。传说，吃了龙船上的食品，能消灾免难，百事如愿。久而久之，这就成为传统的风俗习惯。

整个龙船节期间，清水江上和江岸上都人山人海，除了江中龙船外，岸上还有踩鼓、吹笙等民俗活动，姑娘们身着节日盛装，应着木鼓鼓点翩翩起舞。青年男子们也都穿戴整洁，起喉而歌。如此一来，这龙船节也成了青年人之间建立友谊甚至成立幸福家庭的重要纽带。